영역별·연령별 놀이와 프로그램

변화와 성장을 위한
매일 20분 엄마표 워크북

느린아이연구소 소장 **김 동 옥** 지음

대경북스

활용 가이드

본 워크북은 감각통합, 지능언어, 신체발달 영역으로 구분하였습니다.
무발화아동 5개, 유아용, 초등용(저학년)은 각 10개씩의 프로그램이 준비되어 있으며, 최소 3번 이상 활동하여 많은 자극과 경험, 성취감을 느낄 수 있도록 해 주시기 바랍니다. 유아용, 초등용 프로그램을 아동의 수준에 맞게 조절하여 전부 해보시는 것을 추천 드립니다.

매일 1개의 프로그램으로 시작하시고, 이후에는 각 영역별 프로그램을 1개씩 모두 활동하도록 목표를 세우시기 바랍니다. 가정에서 쉽게 할 수 있는 프로그램 위주로 작성했으며, 응용(재료, 교구, 활동방법)할 수 있는 부분을 참고하시면 더 오랜 시간 다양한 활동이 가능합니다. 지속적으로 아이의 발달단계에 따른 계획을 세우시고 실천해 주시기 바랍니다(부록 발달 체크리스트 참고).

 ## 주간 활동 서식 활용

주간 활동 서식표에 매주 아이와 활동한 내용을 적어 보세요. 아이에 대해 미처 발견하지 못했던 것들을 파악할 수 있습니다. 일정 기간 후 아이의 변화를 느끼게 되고 부족한 부분도 체크할 수 있습니다.

주말에는 평일에 미루거나 하지 못했던 활동을 보완해 보세요.
사회성란은 발달 체크 리스트(부록)를 참고하여 간단한 인사하기, 규칙 지키기, 타협하기 등의 목표를 세워 보시기 바랍니다. 사회성 교육은 할 수 있을 때까지 한 주간 반복하여 연습합니다.

소감란에는 아이의 긍정적인 부분, 부족한 부분(채워야 하는 부분), 아이와 함께하며 느낀 감정 등을 간단하게 작성해 보세요(작성법은 샘플 참고).

워크북 활동시 유의할 점

- 재료와 활동할 내용에 대해 천천히 반복하여 설명해 주세요(준비물은 대부분 가정에서 준비할 수 있는 것들과 다*소, 쿠*에서 쉽고 저렴하게 구입할 수 있는 것들입니다).
- 활동 과정에서 적절한 언어 제공을 수시로 해 주세요.
- 먼저 시범을 보여 주는 것이 아이가 이해하는 데 도움이 됩니다.
- 지나치게 도와주는 것은 좋지 않습니다. 아이를 믿고 스스로 할 수 있도록 해 주세요.
- 아이에 따라 재료의 양, 크기, 거리 등을 조절하세요.
- 아이만의 발달 속도가 다르니 서툴러도 기다려주며 즐겁게 놀이하는 것이 중요합니다.

매일 20분! 아이가 달라집니다.

습관화 될 수 있도록 꾸준히 실천해 보세요.

주간 활동 서식

요일 영역	월 /	화 /	수 /	목 /	금 /	토/일 /
날짜						
참여자						
준비물						
감각놀이						
신체발달						
지능언어						
사회성						
소감						

※ 출력 부사하여 매 주 작성해 보세요

4

주간 활동 서식 작성 예

요일		월	화	수	목	금	토/일
날짜		1/2	1/3	1/4	1/5	1/6	1/7
참여자		엄마, 아빠, 아이	엄마, 누나, 아이	엄마, 아빠, 아이	엄마, 아이	아빠, 아이	
준비물		블레이, 동요책	묶은 쌀, 콩, 젓가락	식빵, 초코펜, 콩	고구마	국수(파스타)	
영역	감각 놀이	블레이 모양찍기, 블레이 과일 만들기	콩과 쌀 구분 놀이 젓가락으로 옮기기	식빵 얼굴 만들기	찐 고구마 모양 만들기	국수(파스타) 부러뜨리기 물 붓고 반죽하기	
	신체 발달	아빠와 놀이터 다녀오기 -○○가 무서워하는 그네와 친해지기	계단 걸어서 올라가기	공 주고받기 놀이	매트(점블)에서 점프 점프하기	자전거 타기	
	지능 언어	동요 부르며 율동하기 의성어, 의태어 이야기	신체 부위 명칭 배우기	날씨 들려주기 날씨 말하기	아침(점심)에 먹은 반찬 말해보기, 알려주기	친구 이름, 선생님 이름 알려주기	
	사회성	잃어날 때 엄마가 "좋은아침", 아이는 "안녕히 주무셨어요" 인사하기	반복 연습	다른 사람의 요구에 "싫어", "좋아" 말로 표현하기	반복 연습	간식을 먹고 "고맙습니다" 인사하기	놀이터에 가서 차례 지키기
소감		생각보다 블레이를 잘 만들어서 기특했다. 그래도 시간이 좀 걸릴 듯 하다. 웃는 아이를 보니 뿌듯^^	젓가락질이 서툴러서 콩집기가 힘들다. 첫 가락질 연습을 해야겠다.	식빵에 그리다가 찢어지니 잎으로 가져간다. 그래도 너무 이쁘다.	먹은 것 중에 미역국 만 기억한다. 좀 더 많이 알려줘야겠다.	자전거 연습하다 넘 어지더니 안 타겠다고 한다. 아직 조금 이른가?	놀이터에서 안 온다고 해서 너무 힘들었다.

감각통합 영역

공통-01 선따라 움직이기_ 8

공통-02 다양한 감각 활동_ 9

유아-01 클레이로 모양, 과일 만들기_ 10

유아-02 코인티슈 애벌레_ 11

유아-03 플레이콘 작품 만들기_ 12

유아-04 컵케이크 만들기_ 13

유아-05 색소금 화분 만들기_ 14

유아-06 폼폼이 옮기기_ 15

유아-07 야채도장 찍기_ 16

유아-08 골프티 균형 맞추기_ 17

유아-09 스카프 잡아당기기_ 18

유아-10 예쁜 창문 장식하기_ 19

초등-01 클레이 나무 만들기_ 20

초등-02 같은 색을 짚어요_ 21

초등-03 병아리 표현하기_ 22

초등-04 종이컵 메모리 게임_ 23

초등-05 실 통과시키기 놀이_ 24

초등-06 점 이어 그림 그리기_ 25

초등-07 수수깡 나무 만들기_ 26

초등-08 입체도형 만들기_ 27

초등-09 색깔 얼음 그리기_ 28

초등-10 병뚜껑 컬링 놀이_ 29

선따라 움직이기

발달영역 소근육, 감각, 협응, 집중력
준 비 물 사진 참고

1. 선 따라 그리기(가로, 세로, 대각선, 곡선 등)가 가능할 때까지 연습한다. 연필이나 크레파스를 사용한다. 시중에서 선긋기 활동지를 구입하거나 무료 도안을 출력하여 사용해도 좋다.

2. 선을 따라서 이동하는 놀이를 한다. 스티커, 폼폼이, 클레이, 작은 블록 등 쉽게 접할 수 있는 재료로 응용해 본다.

3. 폼폼이를 잡고 두손을 동시에 움직이며 선을 따라 이동해 본다. 말랑한 공을 잡고 화살표 방향(위아래, 좌우 등)으로 왔다갔다 굴린다. 동그라미는 원을 따라 돌린다.

4. 신체놀이를 통하여 선을 이해해 본다. 종이 테이프(또는 막대)를 바닥에 붙이고 선을 따라 걷기, 선 따라 공굴리기 등을 할 수 있다.

감각통합 영역

다양한 감각 활동

발달영역	소근육, 감각, 협응, 집중력
준 비 물	사진 참고

콩과 쌀(또는빵가루) / 커피콩과 커피 가루 / 편백나무 알갱이

쌀로 만든 뻥튀기 / 다양한 과일과 야채 / 식빵에 데코펜으로 가족 얼굴 그리기

과자를 이용하여 얼굴 표현하기 / 찐 고구마 모양찍기 놀이 / 쉐이빙 폼 놀이

카스테라와 생크림으로 케익 만들기 / 면봉 뭉치로 그림 표현하기 / 여러 가지 악기 놀이

감각통합 요법

클레이로 모양, 과일 만들기

발달영역 소근육, 감각
준 비 물 클레이, 클레이 도구, 일회용 접시

1. 클레이를 조물조물 만져보고, 쭈욱 길게 늘려 보며 관찰한다. 클레이를 바닥에 놓고 손(도구)으로 밀어서 길게, 동그랗게 만들어 본다. 탐색할 때는 "말랑말랑 하네."라며 언어 제공도 함께 한다.
2. 클레이를 밀어서 모양틀을 사용하여 찍으며 놀이한다.
3. 클레이 색을 섞어 본다. 빨간색과 파란색을 섞어서 무슨 색이 나오는지 이야기 나누며 색깔 맞추는 게임을 해도 좋다.
4. 빨간색과 파란색을 섞어 보라색이 나오면 작은 동그라미 6개를 만든다.
5. 작은 동그라미 3개를 연이어 붙이고 그 밑에는 2개를 붙인다. 마지막에 하나를 붙인다.

6. 갈색 클레이를 길게 만들고 초록색 클레이를 붙여 포도의 꼭지와 잎사귀를 만든다.
7. 꼭지와 잎사귀를 보라색 클레이에 붙여 포도를 완성한다.
8. 포도뿐만 아니라 사과, 복숭아 등 다양한 과일을 만들어 본다.

응용하기

• 실제 과일, 과일 도안, 과일 교구 등을 보면서 하면 더 쉽게 만들 수 있다.
• 클레이 대신 밀가루를 반죽하여 색소를 섞어서 놀이해 본다.
• 피자 만들기도 시도해 본다.
• 두부를 얇게 썰어서 모양틀로 찍으며 놀이한다.

코인티슈 애벌레

발달영역 감각, 소근육, 협응
준 비 물 코인티슈, 스포이드, 물, 사인펜, 목공풀, 눈알

1. 코인티슈의 촉감을 느껴본다. "딱딱하네~" 등의 언어를 제공한다.

2. 위, 아래, 옆면을 사인펜으로 색칠하거나 그림을 그린다.

3. 꾸민 코인티슈를 목공풀로 붙여서 연결한다.

4. 스포이드 사용법을 알려주고 따라하게 한다.

5. 스포이드로 물을 살짝 뿌려 주며 색의 번짐과 크기가 변화되는 코인티슈를 관찰한다. "와~커진다. 부풀어 오른다. 색깔이 번진다" 등 언어를 제공한다.

6. 더듬이, 눈, 애벌레 윤곽 등 사인펜으로 그려주고 애벌레를 완성한다(눈알을 붙여줘도 좋다).

7. 코인티슈를 펼치면서 남아있는 무늬와 색에 대해 관찰하는 시간을 갖는다.

응용하기

• 스포이드에 색깔 물(물감이나 색소+물)을 먼저 만들고 뿌려줘도 된다.

• 꽃 만들기에 코인티슈를 활용해 본다.

• 스포이드 조절과 물의 흡수, 색의 번짐을 살펴보기 위해 동그란 화장솜(아래 사진 오른쪽)을 활용하여 놀이한다.

• 스포이드는 힘 조절과 집중력에 도움이 된다. 투명 컵이나 페트병에 높이가 다른 선을 그어 놓고 스포이드를 이용하여 물 높이를 맞추는 놀이도 좋다. 물을 채우는 양이 많다면 컵이나 물병을 이용하여 먼저 적당히 붓고 스포이드로 정확히 맞추도록 해본다.

유아-03) 플레이콘 작품 만들기

발달영역 소근육, 감각
준 비 물 플레이콘, 케이크용 칼(소형), 물 또는 물풀, 도안, 이쑤시개, 긴 꼬치

1. 플레이콘을 손으로 만져보고 눌러보며 관찰할 수 있는 시간을 준다. 만질 때는 "꾸욱" 소리를 내주며 언어 제공도 함께한다. 손안에 플레이콘을 가득 올려놓고 후후 불며 날려 보기도 한다.

2. 긴 꼬치에 여러 개의 플레이콘을 꽂는다. 닭꼬치가 아닌 플레이콘 꼬치를 만들 수 있다.

3. 이쑤시개와 플레이콘을 연결하여 기본 도형 만들기를 시도한다(네모. 세모, 집 등). 긴 꼬치와 이쑤시개는 뾰족하니 아동이 관찰할 때 다치지 않게 주의한다. "뾰족 뾰족~ 조심조심" 언어를 제공한다.

4. 케이크용 칼로 플레이콘을 반으로 자른다.

5. 칼 잡는 방법을 모르는 아동은 보호자가 함께 아이의 손을 잡고 시도한다.

6. 잘려진 플레이콘을 물 또는 풀을 이용하여 도안에 붙인다(물에 직접 담그면 녹기 쉬우니 화장솜에 물을 묻혀 플레이콘을 콕콕 찍어 붙이면 쉽다).

응용하기

• 도형 만들기를 할때 클레이를 활용해도 좋다. 동그란 모양, 네모 모양, 세모 모양의 클레이를 만들어 이쑤시개에 꽂는다.
• 종이컵을 잘라 플레이콘 우주선을 만들어 본다(위 사진 오른쪽).

컵케이크 만들기

발달영역 소근육, 감각, 협응
준 비 물 모래, 모래 놀이 세트(또는 놀이용 숟가락, 컵, 모양 틀), 초

1. 모래를 손으로 만지며 촉감을 느낀다. "부드러운 모래~"라며 언어 제공도 함께해준다.

2. 모래를 동그랗게 뭉쳐준다. 뭉친 모래로 눈사람을 만들어 본다.

3. 숟가락이나 손을 이용하여 컵케이크 모양 틀에 모래를 넣고 꾹꾹 눌러 모양 만들기를 한다(모양 틀이 없다면 종이컵도 가능).

4. 모양 틀을 뒤집어서 틀 모양 그대로 잘 나올 수 있도록 빼낸다.

5. 가능한 아동은 2단 컵케이크를 만든다.

6. 모래에 초를 꽂고 생일 축하 노래를 부르며 기분좋게 모래 놀이를 한다.

응용하기

- 여러가지 색 모래를 준비하여 층별로 색깔이 다른 컵케이크를 만들고 장식해 본다.

- 아이가 원하는 모양과 색으로 창의적인 작품을 만 들어 본다. 색깔과 형태를 배울 수 있다.

- 흙설탕을 이용하여 모양 찍기, 컵케이크 만들기를 할 수 있다.

감각통합 영역

색소금 화분 만들기

발달영역 | 소근육, 감각, 협응
준 비 물 | 굵은소금, 투명컵, 파스텔, 전지, 신문지, 꽃도안(또는 실제 꽃이나 식물)

1. 소금을 만져보며 촉감을 느낀다. "까슬까슬~, 까칠해~" 등의 언어를 제공한다

2. 전지를 깔고 테이프로 고정한다(파스텔 가루와 소금이 떨어질 수 있으니 신문지를 먼저 깔고 그 위에 전지를 깔면 좋다).

3. 파스텔을 가로로 잡고 넓은 면으로 전지에 슥슥 펴서 발라준다.

4. 색칠한 전지 면에 소금을 한 줌 올려서 두 손으로 문지르고 비벼준다.

5. 예쁜 색소금이 만들어지면 투명컵에 담는다.

6. 다른 색을 전지 위에 칠하고 소금을 한 줌 올려서 문지르고 비벼준다.

7. 적당량이 될 때까지 맘에 드는 색깔을 반복해서 만들고 투명컵에 담는다.

8. 꽃이나 식물을 심어 본다. 또는 꽃도안을 예쁘게 칠한 후 심어도 좋다.

9. 알록달록 예쁜 색소금 화분을 완성한다.

응용하기

• 비닐 팩에 적당량의 소금을 넣고 물감을 짜서 비비고 묻혀주며 만들 수도 있다. 손으로 만지기 꺼려하면 숟가락을 이용하여 소금을 담는다(가운데 사진).

• 오래된 쌀에 색소를 넣고 섞어서 색깔쌀을 만들어 본다. 말린 뒤에 미술작품을 만들며 활동할 수 있다(오른쪽 사진).

유아-06 폼폼이 옮기기

발달영역 소근육, 감각, 집중력
준 비 물 폼폼이, 집게, 젓가락, 계란판 또는 아이스큐브, 색깔 종이컵

1. 폼폼이의 촉감을 느끼며 만져본다. 바닥에 쏟아 놓고 주워 담으며 즐겁게 관찰해도 좋다.

2. 손으로 집어 계란판에 콕콕 집어 넣으며 옮겨 본다.

3. 집게(또는 젓가락)로 집어서 옮겨 본다. 좀 더 집중하게 된다.

4. 색깔 종이컵에 같은 색깔의 폼폼이를 분류하며 담는다. 크고 작은 다양한 크기의 폼폼이를 준비해도 좋다.

5. 활동이 가능한 아동은 폼폼이 샘플을 제시하고 똑같이 옮겨 담아 본다. 규칙과 배열을 이해할 수 있도록 샘플을 관찰하고 활동한다.

응용하기

• 손-집게-젓가락 순서로 폼폼이를 집어서 옮기도록 해 본다.
• 그림을 통해 제시한 색깔의 폼폼이를 투명컵에 담아 본다.
• 계란판 볼록한 곳을 물감으로 칠하고 구멍을 낸 뒤 색깔 막대기를 꽂으며 놀이해 본다.

감각통합 영역

유아-07 야채도장 찍기

발달영역 소근육, 감각, 집중력
준 비 물 다양한 야채, 플라스틱 칼(케이크용), 물감, 전지(스케치북), 일회용 접시

1. 여러 가지 야채를 준비하여 만져보고 냄새도 맡으며 관찰한다.
2. 플라스틱 칼을 사용하여 야채를 자른다. 가능한 여러 가지 단면이 나오도록 가로 또는 세로로 손으로 잡기 편한 정도로 자른다. 녹색채소류는 자르지 않고 그대로 놀이한다.
3. 일회용 접시에 물감을 짜고 물을 살짝 섞어 저어 놓는다.
4. 잘라 놓은 야채에 물감을 묻혀 스케치북에 찍는다(스케치북을 여러 장 사용해도 되지만 전지를 펼쳐놓고 활동하면 더 좋다).
5. 야채의 단면과 모양을 설명해 주고 이야기 나눈다.

응용하기

- 야채를 깍뚝썰기하여 꼬치에 끼우며 야채꽃이를 만들어 본다.
- 단풍잎, 에그톡 물감, 솜, 면봉, 과일 포장지 등을 활용하여 재미있는 찍기 놀이를 한다.

골프티 균형 맞추기

발달영역 소근육, 감각, 협응
준 비 물 골프티, 스티로폼, 구슬, 망치

1. 스티로폼, 골프티, 구슬 등을 만지고 탐색하며 재료와 활동에 대해 설명한다.
2. 스티로폼 위에 골프티를 심는다. 직접 손으로 눌러서 심는데, 힘든 아동은 망치를 이용하여 심는다.
3. 크고 작은 구슬을 골프티 위에 올려 균형을 잡는다.
4. 구슬을 전부 올렸다면 칭찬해 주고 작품을 감상하도록 한다.
5. 구슬, 골프티를 전부 뽑아서 정리한다.
6. 두 번째는 스티로폼 위에 펜으로 만들고 싶은 모양을 그려 준다(예:하트, 네모, 나무 등).
7. 모양 위에 골프티를 심고 구슬을 올린다.
8. 만들어진 모양을 보며 느낌이나 기분을 이야기 한다.

응용하기

- 탁구공을 숟가락에 올려서 떨어뜨리지 않고 목표지점까지 이동하는 놀이를 하며 균형감각을 키운다. 아동에 따라 목표지점을 근처에서 점점 멀리하면 좋다.
- 종이상자에 물감을 짜고 구슬을 굴리며 구슬그림을 그려 본다.
- 신문지나 쟁반으로 풍선 나르기를 하며 균형감을 키울 수 있다.

스카프 잡아당기기

발달영역 소근육, 협응, 감각
준 비 물 뚜껑있는 플라스틱 컵(또는 구멍난 공), 스카프, 노끈, 빨래집게

1. 스카프를 일자로 연결하여 2~3개 정도 묶어 준다.

2. 뚜껑 있는 플라스틱 컵에 묶여진 스카프를 넣어 둔다(1, 2 번 과정은 부모가 미리 준비해도 좋다).

3. 컵 안에 들어 있는 스카프를 빼는 시범을 보인다.

4. 아동이 직접 하도록 한다. "쏘옥~, 우와~, 빨간색이네" 등의 언어 제공과 리액션을 함께해 준다.

5. 꺼낸 스카프를 손으로 만지고 비비면서 관찰한다. "까슬까슬~ 부드러운~ 스카프"와 같은 언어 제공도 함께한다.

6. 스카프를 아동의 얼굴에 씌워주고 까꿍 놀이를 하며 색을 관찰한다.

7. 묶여있는 스카프의 끝을 잡고 잡아당긴다. 잡아당길 때 "영차 영차" 등의 언어를 제공한다.

응용하기

• 투명 컵 대신 구멍난 공을 이용하여 놀이해도 좋다.
• 노끈과 집게를 이용하여 스카프 빨래 널기 놀이를 해도 좋다.

감각통합 영역

유아-10 예쁜 창문 장식하기

발달영역   소근육, 협응, 감각
준 비 물   양면 색종이(또는 한지색종이), 가위, 분무기

1. 양면 색종이에 다양한 크기의 동그라미를 그린다. 컵이나 둥근 모양의 물건을 대고 동그라미를 그리면 쉽다. 아이가 좋아하는 모양을 그려도 된다.
2. 그린 동그라미를 가위로 오린다. 가위질이 힘든 아동은 엄마와 손잡고 같이 한다.
3. 창문에 분무기로 물을 뿌린다.
4. 오려둔 색종이를 창문에 붙이며 꾸민다. 햇님, 꽃 등 좋아하는 장식을 만들어도 좋다.
5. 어떤 것을 만들었는지, 기분이나 감정에 대해서도 이야기해 본다.
6. 물기가 말라서 떨어지면 다시 분무기로 물을 뿌리고 장식한다.

응용하기

• 투명 우산을 펼쳐놓고 분무기로 물을 뿌린 후 습자지를 붙이며 장식해 본다 (습자지에 물이 배면 잘 지워지지 않으니 신문지나 비닐을 깔고 한다).
• 벽에 커다란 한지를 부쳐 놓고 분무기를 뿌리며 물이 스며드는 과정을 경험하며 놀이한다(분무기에 물과 물감을 섞어 색깔물을 만들어 뿌리면 색에 대한 인지에도 도움이 된다).

초등-01 클레이 나무 만들기

발달영역 소근육, 감각, 협응력
준 비 물 클레이, 휴지, 형광펜, 가위, 포크, 뾰족한 꼬치, 종이, 색종이, 색연필

1. 종이에 연필이나 크레파스로 대략적인 나무의 밑그림을 그린다.
2. 색종이를 잘라서 나무 기둥을 표현한다(크레파스로 색칠해도 된다).
3. 휴지 1장을 뜯어 사용하고 싶은 색깔의 형광펜을 칠한다(노랑, 연두, 초록 등).
4. 3번의 휴지를 정사각형 모양으로 작게 자른다.
5. 클레이로 나무의 초록잎 부분을 장식한다.
6. 뾰족한 꼬치로 잘라놓은 4번의 조각을 콕콕 눌러서 집어 넣으며 풍성하고 입체적인 나무를 연출한다. 클레이가 마르면 잘 들어가지 않으므로 재료 준비를 먼저 하는 것이 좋다.
7. 나무 밑단에 풀과 꽃들을 표현하기 위해 초록색 클레이로 넓게 펴바른 뒤 포크로 쓸어 올려 준다. 클레이로 꽃이나 표현하고 싶은 것을 만들어 붙인다.

응용하기

- 위의 방법으로 빨간 태양을 표현해 본다. 또는 관심있는 것을 표현해도 좋다 (빨간색 클레이와 흰색을 섞어 주황색을 만들어 태양의 열기를 표현해 본다. 색이 섞이고 변화 하는 것을 알려준다).
- 습자지를 구겨서 나무를 표현해 보며 색다른 경험을 할 수 있다.

같은 색을 짚어요

발달영역 감각, 협응력, 집중력
준 비 물 손바닥 그림과 같은 색의 동그라미

1. 색깔 손바닥 그림을 그리거나 프린트한다.

2. 손바닥과 같은 색깔의 동그라미를 그리거나 프린트한다.

3. 손바닥과 동그라미 그림을 나란히 놓고 한 손으로는 동그라미를 짚고, 다른 손으로는 같은 색의 손바닥 그림을 동시에 짚는다.

4. 동시에 짚는 것이 어려운 아동은 한 손으로 동그라미를 짚고, 이후에 다른 손으로 손바닥을 짚으며 놀이한다(쿵~짝~쿵~짝 하는 느낌의 리듬으로 천천히 해 본다).

5. 동시에 짚는 것이 가능하면 쉬운 동요를 부르며 리듬감 있게 해 본다.

 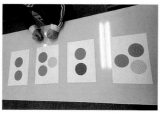

응용하기

• 2개, 3개의 동그라미 그림을 배열해 놓고 개수에 맞게 두드리는 놀이를 해 본다(쿵쿵~쿵쿵쿵~). 주먹 쥐고 해도 좋고, 두드릴 수 있는 막대기나 도구를 이용해도 된다. 리듬에 맞는 동요를 부르며 활동하면 더 재미있게 할 수 있다.

감각통합 영역

병아리 표현하기

발달영역 │ 감각, 소근육
준 비 물 │ 달걀 껍질, 절구통, 목공풀(물풀), 병아리 도안

1. 달걀 껍질을 잘 씻어서 말려 둔다.

2. 절구통(또는 쟁반)에 달걀 껍질을 넣고 찧는다. 너무 조각이 작으면 활동하기 어려우니 적당히 찧는다.

3. 병아리 그림을 그리거나 도안을 준비한다.

4. 해당 부분에 목공풀을 칠한 뒤 달걀 껍질을 올려 준다(목공풀이 잘 붙지만 없으면 물풀도 해도 된다).

5. 달걀 껍질을 꾹꾹 눌러서 붙여 준다.

6. 잘 말려 준다.

응용하기

• 달걀 껍질을 이용하여 거북이 등 꾸미기, 얼굴 표현하기를 할 수 있다.

• 사인펜으로 달걀 껍질에 다양한 얼굴 표정을 그려보며 감정놀이를 할 수 있다.

감각통합 영역

초등-04 종이컵 메모리 게임

발달영역 감각, 협응력, 집중력
준 비 물 종이컵, 사인펜, 종이

1. 도화지나 스케치북 위에 8개의 칸을 나눈다. 아동의 수준에 따라 16칸 또는 그 이상으로 해도 된다.
2. 칸 안에 다양한 모양(세모, 네모, 동그라미, 별, 구름, 직선 등)을 그리고 색칠한다.
3. 종이컵 아랫 부분에 2번과 같은 모양을 그려준다.

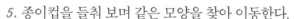

4. 종이에 그려진 모양 위에 종이컵을 자유롭게 뒤집어 놓는다.
5. 종이컵을 들춰 보며 같은 모양을 찾아 이동한다.
6. 모두 찾을 때까지 반복하며 게임의 룰을 익힌다.
7. 위의 과정을 잘하면 2개의 종이컵을 열어서 같은지 확인하고, 틀린 모양을 찾으면 그 자리에 다시 덮어두는 메모리 게임을 진행한다.

응용하기

• 위 활동을 어려워 하면 종이컵 뒷면에 색깔을 칠하고 같은 색깔을 찾는 단계부터 시도해도 좋다.
• 직사각형 안에 사인펜으로 색깔 동그라미를 그리고 퍼즐 맞추듯이 색깔이 같은 사각형 찾기를 할 수 있다.
• 다양한 용기들을 모아서 뚜껑찾기를 하며 같은 모양 찾는 연습을 할 수 있다.

실 통과시키기 놀이

발달영역 감각, 소근육, 협응력
준 비 물 종이접시(페트지, 박스), 펀치(송곳), 털실, 대바늘(테이프)

1. 종이접시(두꺼운 페트지)에 펀치로 구멍을 뚫는다.
2. 굵은 대바늘에 털실을 끼운다(안전한 플라스틱 대바늘을 사용하면 좋다). 대바늘이 없다면 털실의 끝에 투명테이프를 붙여 통과하기 쉽게 만들어도 된다.
3. 구멍 사이로 대바늘을 통과시키며 꿰매듯이 놀이한다.
4. 반복하여 여러 가지 모양을 만들어 본다.

응용하기

- 굵은 구슬, 단추, 동그란 모양의 과자 등으로 실꿰기 놀이를 해 본다.
- 종이박스를 잘라서 송곳으로 일정하게 구멍을 뚫은 뒤 색털실을 이용하여 여러 가지 형태를 만들 수 있다. 구멍을 뚫기 쉽게 싸인펜으로 점을 찍어 두면 좋다(위 가운데 사진).
- 빨대를 잘라 긴 꼬치에 끼우면 좀 더 쉽게 놀이할 수 있다(위 오른쪽 사진).

감각통합 영역

점 이어 그림 그리기

발달영역 감각, 소근육, 집중력
준 비 물 종이, 펜, 색연필

1. 아동이 종이 위에 직접 점을 찍어 보게 한다. 규칙적으로 또는 불규칙적으로 자유롭게 한다. 놀이처럼 콕콕 찍어도 좋다.

2. 점들을 이용해서 재미있는 그림을 그려보자고 설명한다.

3. 자유롭게 점을 연결하여 그림을 완성해 본다(또는 그리고 싶은 것을 미리 생각하며 완성해도 된다).

4. 점을 이용하여 그린 그림을 색칠해 본다.

5. 색칠한 것을 오려서 활용해도 좋다(예 : 저금통, 필통 등 좋아하는 물건에 붙여주고 이름도 정해 준다).

6. 충분히 관찰하고 상상력을 자극하여 어떤 것을 표현했는지 말해보게 한다.

응용하기

- 색깔 스티커를 자유롭게 붙이고 같은 색을 찾아 연결해 보는 놀이도 가능하다. 아동 수준에 따라 스케치북 또는 전지를 활용하여 활동 영역을 넓힌다.
- 같은 색을 전부 연결하니 어떤 모양이 나오는지 관찰하며 이야기 나눠도 좋다.
- 아이가 좋아하는 우주선 길, 집가는 길 등을 이야기하며 도착지에 우주 선착장, 집 그림 등을 그려도 좋다.

감각통합 영역

초등-07) 수수깡 나무 만들기

발달영역 감각, 소근육, 집중력

준 비 물 수수깡, 칼, 목공풀, 도화지, 크레파스, 색종이

1. 색도화지에 크레파스(또는 연필)로 나무 밑그림을 그린다. 색종이로 표현해도 좋다.

2. 수수깡을 어슷썰기 한다. 안전을 위하여 부모와 같이 손을 잡고 한다.

3. 목공풀을 바르고 썰어 놓은 수수깡을 붙인다.

4. 나무 주위에 꽃이나 잠자리, 새싹 등도 만들어 본다.

5. 크레파스로 나무 줄기나 여백 부분을 칠하여 완성도를 높인다.

응용하기

· 수수깡 사자 만들기

① 종이 접시 바닥에 사인펜으로 사자의 얼굴을 그린다.

② 종이 접시 테두리에 목공용 풀을 바른 후 수수깡을 잘라서 붙인다.

③ 눈알을 붙여주고 보완하고 싶은 곳을 그려준 뒤 완성한다.

· 수수깡과 폼폼이를 활용하여 입체적인 나무를 만들어 본다.

감각통합 영역

입체도형 만들기

발달영역 감각, 소근육, 협응력
준 비 물 플레이콘, 이쑤시개

1. 플레이콘에 이쑤시개를 꽂아 세모, 네모 등의 도형을 만든다.

2. 플레이콘을 계속 이쑤시개와 연결하여 끼우면서 입체 도형을 만든다(균형 감이 있어야 기울지 않으므로 정교함이 필요하다).

3. 입체도형이 어려운 아동은 평면도형 놀이를 먼저 해도 좋다(색종이를 잘라서 모양에 맞게 붙이는 활동이나 작은 도미노를 활용하여 모양 만들기를 해 본다).

응용하기

• 당근, 사과처럼 단단한 과일을 네모, 세모, 동그라미로 잘라서 야채꽂이 놀이를 할 수 있다.

• 말랑카우, 클레이, 도미노, 동그란 과자 등을 활용하여 입체도형 놀이를 할 수 있다.

 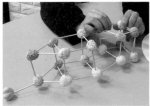 

감각통합 요법

초등-09 색깔 얼음 그리기

발달영역 감각, 집중력, 소근육
준 비 물 물감, 얼음 트레이, 물, 전지

1. 얼음 트레이에 물감을 짜고 약간의 물을 섞어 얼린다. 물감이 많을수록 진하고, 물이 많으면 연하게 나온다. 물감짜기 등이 어려운 아동은 부모가 준비해 준다(손잡이가 없는 트레이에 얼려서 직접 손으로 만지고 그리면 더 좋다).

2. 전지를 펼쳐 놓고 색깔 얼음을 이용하여 자유롭게 그림을 그린다. 색깔의 변화와 얼음이 녹으며 물이 되는 과정을 이야기한다.
3. 표현하고 싶은 밑그림을 그리고 색깔 얼음으로 칠해도 좋다.
4. 놀이한 기분이나 감정, 소감 등을 이야기 나눠 본다.

응용하기

• 다양한 솔을 활용하여 그림을 그리고 표현해 볼 수 있다(칫솔, 다양한 청소솔, 수세미, 브러쉬, 스펀지 등). 거칠고 부드러운 솔이 다르게 표현되는 느낌을 경험해 본다.
• 몬드리안 그림 그리기를 통하여 경계선안에 색을 칠하도록 활동해 본다. 스케치북에 검은테이프로 구간을 나누고 경계선을 넘지 않도록 색을 칠하여 작품을 만든다.

병뚜껑 컬링 놀이

발달영역 감각, 소근육, 집중력
준 비 물 병뚜껑, 색 종이테이프

1. 바닥에 색 테이프로 사각존을 여러개 만든다. 중앙에 가까울수록 높은 점수, 멀어질수록 낮은 점수를 매긴다.

2. 손으로 병뚜껑을 튕겨서 높은 점수 구간에 도착하도록 한다. 세게, 약하게 손가락 힘을 잘 조절할 수 있어야 한다.

3. 주어진 병뚜껑을 한번씩 튕겨서 점수를 낸다(또는 2번에 나눠서 도착해도 된다). 예를 들어 병뚜껑 5개를 튕기면 5개가 도착한 지점의 점수를 합하면 된다.

4. 높은 점수를 얻은 사람이 이기는 게임이다.

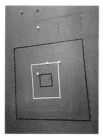  

응용하기

• 테이블 위에 출발점을 만들어 알까기 게임을 할 수 있다(병뚜껑 개수는 아동에 따라 적게, 또는 많게 준비한다). 손을 튕겨서 상대방의 병뚜껑을 맞추고 떨어지게 하여 마지막까지 테이블 위에 병뚜껑이 남아 있는 사람이 이긴다.

• 출발점에서 병뚜껑(또는 스펀지, 블록, 고리 등)을 이용하여 던지는 양궁 게임을 할 수 있다.

지능언어 영역

무발화-01	조음기관 등 훈련 방법(혀, 입술/호기/하악)_ 32
무발화-02	소리로 표현해요(의성어/의태어)_ 35
무발화-03	행동으로 말해요(지시 따르기)_ 37
무발화-04	노래를 불러 봐요(동요)_ 39
무발화-05	같은 단어를 다양하게 사용해요(단어 I)_ 42
유아-01	단어카드 이렇게 사용해요(단어 II)_ 44
유아-02	우리 몸에 대해 알아봐요(신체)_ 45
유아-03	가족을 소개해요(가족)_ 47
유아-04	짝꿍을 찾아봐요(짝 찾기)_ 49
유아-05	어디 있을까요?(위치/방향)_ 50
유아-06	오늘 날씨는 어때?(날씨/계절)_ 52
유아-07	반대말은 뭘까요?(반대말)_ 54
유아-08	어른에게 어떻게 말해야 할까요?(존댓말)_ 55
유아-09	끼리끼리 나눠요(분류)_ 58
유아-10	끝말을 이어 봐요(끝말잇기)_ 60
초등-01	순서대로 맞춰요(순서)_ 62
초등-02	오늘은 몇 월 며칠이지?(달력)_ 64
초등-03	같아요, 달라요(공통점과 차이점)_ 66
초등-04	말을 꾸며요(관형사/부사)_ 68
초등-05	액체, 기체, 고체란?(상태)_ 70
초등-06	다음에 어떤 일이 생길까?(상황유추)_ 72
초등-07	만약에 말야...(가상질문)_ 74
초등-08	오늘은 무슨 일이 있었나요?(육하원칙)_ 76
초등-09	그래서 어떻게 됐지?(원인과 결과)_ 78
초등-10	기분이 어때?(감정)_ 80

무발화-01 조음기관 등 훈련 방법(혀, 입술/호기/하악)

발달영역	조음기관(혀, 입술), 호기, 하악 등
준 비 물	조음기관(튀밥, 초코시럽, 숟가락 등) 호기(코끼리 피리, 촛불, 호루라기, 비눗방울) 하악(둥근과자-양파링, 사탕-츄파츕스, 풍선껌, 오징어)

무발화 아동의 경우 조음기관(혀, 입술) 및 호기, 하악 운동을 실시한다.
각 훈련은 프로그램당 5~10회 가량 실시한다.

◇ **조음기관 훈련**
아동에게 필요한 조음 운동을 선택해 실시한다.

■ **혀 운동**
- 접시에 초코시럽 또는 작은 과자(튀밥)를 펼쳐 놓은 뒤 혀를 움직여 먹어보게 한다.
- 입술 주변에 초코시럽을 묻혀 혀를 움직여 먹도록 한다.
- '똑딱똑딱' 소리가 나도록 혀 차기를 한다.
- '메롱~' 부모가 시범을 보이며, 따라하도록 유도한다. 최대한 혀를 길게 뺄 수 있도록 한다.
- 작은 사탕이나 숟가락을 활용해 혀를 상하좌우 움직이도록 유도한다.
- 양치할 때 혀를 닦아주며 혀 내밀기를 한다.

■ **입술 운동**
- 손등에 입을 대고 '쪽-' 소리가 나도록 뽀뽀를 한다.

- 입술을 동그랗게 만들고, 숨을 들이마신 뒤 '후-' 내 뿜으며 촛불을 불도록 한다.
- 아동의 입을 동그랗게 말아 휘파람을 불도록 한다.

◇ 호기 훈련
호기 운동 도구를 사용해 길게 호흡할 수 있도록 유도한다.

■ 호기 운동
- 코끼리 피리불기 : 코끼리 피리는 피리 앞에 비닐대롱이 달팽이 모양으로 말려 있는 피리다. 피리를 불면 달팽이처럼 말렸던 대롱이 펴지면서 소리를 낸다. 재미있게 놀이로 유도할 수 있다.
- 촛불 불기 : 커다란 촛불(5개 정도 옆으로 나열)에 불을 붙여 놓고 아동의 호기 정도에 따라 가까운 곳에서 먼 곳으로 거리 조정한다.
- 호루라기 또는 나팔 불기 : 호루라기를 길게 또는 짧게 불기를 반복한다.

- 비눗방울 : 크기가 다른 여러 종류의 비눗방울 도구를 사용해 불도록 한다.
- 풍선 불기 : 미리 불어 늘려 놓은 풍선을 준비해 불도록 한다. 작게, 크게 불기를 반복한다.
- 빨대로 불기 : 컵에 물을 반쯤 담은 뒤 빨대로 방울이 생기도록 바람을 분다.
- 휴지 불기
  ① 휴지를 입술 위에 붙이고(손으로 지지하고) 코로 호흡을 하고, 입으로 내쉰다.
  ② 고개를 젖혀 얼굴에 휴지(티슈)를 놓은 뒤 바닥에 떨어지지 않도록 불어준다.

◇ 하악 훈련

하악 운동 재료를 사용해 하악의 움직임을 유도한다.

■ 하악 운동

● 양파링 등의 과자를 세로로 입에 넣어 입을 크게 벌리도록 한다.

● 왕사탕(크기가 큰 츄파춥스)을 입에 넣었다 뺐다를 반복하며 하악이 크게 벌어지도록 한다.

● 입 안 가득 풍선껌을 씹어 하악을 움직이도록 한다.

● 오징어나 문어 다리 등 질긴 건어물을 꼭꼭 씹도록 해 하악 운동을 유도한다.

※ 준비물은 아동의 성향에 맞게 변경할 수 있다.

소리로 표현해요(의성어/의태어)

발달영역 말하기, 인지, 사고
준 비 물 일상 사물(카드, 그림책 등)

집에 있는 카드나 사물, 그림책을 준비한다. 의성어와 의태어를 제공할 때 반드시 부모의 입 모양을 아동에게 보여 주면서 말을 한다.

※ 의성어는 소리를 흉내 낸 말을, 의태어는 모양과 움직임을 흉내 낸 말을 뜻한다. 예를 들어 개굴개굴은 의성어, 팔짝팔짝은 의태어다.

의성어와 의태어를 나누어 분류한다.

예시)

돼지 그림의 사진을 준비한다. 아동에게 돼지 그림을 보여주며 "이건 뭐지?"라고 묻고, "돼지"라고 답을 하면, "돼지는 무슨 소리를 내지?"라고 질문을 한다. 그리고 돼지 우는 소리 "꿀꿀"을 표현한다. 이때, 아동이 '돼지'라는 답을 하지 못하면 부모가 질문과 답을 대신 말해준다. 예시 외에도 다양한 소리나 모습을 표현해 들려준다.

■ 의성어

1. 동물 소리

☐ 돼지-꿀꿀 ☐ 개-멍멍 ☐ 닭-꼬끼오 ☐ 오리-꽥꽥 ☐ 병아리-삐약삐약

☐ 쥐-찍찍 ☐ 소-음매 ☐ 매미-맴맴 ☐ 호랑이-어흥 ☐ 고양이-야옹

☐ 참새-짹짹 ☐ 부엉이-부엉부엉

2. 탈 것 소리

☐ 자전거-따릉따릉 ☐ 자동차-부릉부릉 ☐ 기차-칙칙폭폭

☐ 비행기-쉬~잉 ☐ 소방차-애앵애앵 ☐ 구급차-삐뽀삐뽀 ☐ 배-뿌뿌

3. 집안에서 나는 소리

☐ 음식을 자를 때 싹둑싹둑(사진) ☐ 망치질을
할 때 뚝딱뚝딱 ☐ 초인종을 누를 때 딩동딩동
☐ 접시가 깨질 때 쨍그랑 ☐ 찌개가 끓을 때 보글
보글 ☐ 시계가 째깍째깍/똑딱똑딱
☐ 물소리가 졸졸 ☐ 전화기가 따르릉 ☐ 아기가
응애응애

■ 의태어

1. 동물 움직이는 모습

☐ 개구리-팔짝팔짝 ☐ 고양이-살금살금 ☐ 나비-훨훨 ☐ 토끼-깡총깡총

☐ 애벌레-꿈틀꿈틀 ☐ 토끼-깡충깡충 ☐ 거북이-엉금엉금 ☐ 오리-뒤뚱뒤뚱

2. 다양한 움직임의 모습

☐ 구름-뭉게뭉게 ☐ 깃발-펄럭펄럭

☐ 과일-주렁주렁 ☐ 별-반짝반짝

☐ 공-데굴데굴(사진)

행동으로 말해요(지시 따르기)

발달영역 말하기, 인지, 사고
준 비 물 일상 사물(컵, 기저귀 등)

가정에서 아동이 자주 사용하는 물건이나 쉽게 접할 수 있는 사물을 활용해 지시 따르기를 유도한다.

1. 한 가지 행동의 지시 따르기를 시도한다.

예시)

식탁 위에 있는 아이가 자주 사용하는 컵을 올려 둔다. 아이에게 '컵'이라는 단어를 인지시킨다. 컵과 한 발짝 떨어진 곳에서 "○○아, 컵 좀 줘."라고 말을 한다. 처음엔 부모가 아이와 함께 컵을 잡아 건네는 시범을 보여 준다. 아동이 컵을 잡아주면 점점 거리를 멀리 하며 수행할 수 있도록 유도한다. 지시를 잘 따랐을 때는 아낌없이 칭찬을 해준다.

　□ 물티슈 가져 와.

　□ 기저귀 가져다 줘.

　□ 문 닫아 줄래?

　□ 쓰레기 버려 줘.

2. 한 가지 지시 따르기가 될 경우 두 세 가지의 행동을 혼합하여 지시 따르기를 유도한다.

예시)

식탁 위에 있는 컵과 물을 올려놓는다. 아이에게 '컵'과 '물'을 인지시킨 뒤 "○○아, 컵에 물 좀 따라 줄래?"라고 말한다. 이때, 부모가 시범을 보여 주는

지능언어 영역

것도 좋다. 아이가 적절하게 수행을 했다면 "○○아, 엄마한테 물 좀 가져다 줘."라고 한 가지 더 수행하도록 유도한다.

☐ 신발 벗고, 신발장에 넣어 볼까?

☐ 바닥에 흘린 종이 주워 책상 위에 올려놔 줘.

☐ 물티슈 한 장만 뽑아줄래? 물티슈로 책상 닦고, 휴지통에 버려 줘. (사진)

노래를 불러 봐요(동요 부르기)

발달영역 말하기, 인지, 사고
준 비 물 동요책, 실로폰, 피아노 등

말의 즐거움을 느낄 수 있도록 동요를 불러준다. 실로폰, 피아노 등의 악기를 활용하거나 율동을 제공해 흥미를 유도한다. 이때, 휴대폰이나 오디오의 기계음이 아닌 부모의 목소리로 들려줘야 한다.

아이가 좋아하는 동요나 의성어, 의태어 등이 들어간 동요를 선택해 불러 준다.

제목 : 작은별
반짝 반짝 작은별
아름답게 비치네
서쪽 하늘에서도
동쪽 하늘에서도
반짝 반짝 작은별
아름답게 비치네

제목 : 작은 동물원
삐약삐약 병아리
음매 음매 송아지
따당따당 사냥꾼
뒤뚱뒤뚱 물오리
푸푸 개구리

지은어 응용

집게집게집게 가재
푸르르르르르 르르 물풀
소라

제목 : 올챙이와 개구리송
개울가에 올챙이 한 마리 꼬물꼬물 헤엄치다
뒷다리가 쏙 앞다리가 쑥 팔딱팔딱 개구리 됐네
꼬물꼬물 꼬물꼬물 꼬물꼬물 올챙이가
뒷다리가 쏙 앞다리가 쑥 팔딱팔딱 개구리 됐네

제목 : 머리 어깨 무릎 발
머리 어깨 무릎 발 무릎 발
머리 어깨 무릎 발 무릎 발 무릎
머리 어깨 발 무릎 발
머리 어깨 무릎 귀 코 귀

제목 : 곰 세마리
곰 세마리가 한 집에 있어
아빠곰 엄마곰 애기곰
아빠곰은 뚱뚱해
엄마곰은 날씬해
애기곰은 너무 귀여워
으쓱으쓱 잘한다

같은 단어를 다양하게 사용해요(단어Ⅰ)

발달영역 말하기, 인지, 사고
준 비 물 주변 사물, 장난감, 음식

단어 표현이 서툰 아이를 위해 같은 단어를 여러 번 들려주는 것이 중요하다. 이때 단순히 같은 단어를 여러 번 하는 것이 아니라 다양한 살을 붙여 좀 더 다채롭게 표현해 주는 것이 좋다.

아이가 좋아하는 단어들을 활용해 단어를 제공한다.

예시)

아이가 자동차 장난감을 좋아한다면, 자동차 장난감을 활용해 '자동차(사진)라는 단어를 가르쳐 보자. 아이 앞에 자동차 장난감을 놓고 "자동차네.", "초록색 자동차네.", "자동차가 부릉부릉 달려가네."등의 다양한 언어를 제공해 보자. 단어에 어울리는 색깔, 모양, 소리, 맛, 느낌 등을 적절하게 넣어 사용한다.

□ 과일/딸기 : 와! 딸기다./빨간 딸기 맛있겠다./딸기는 달콤하다./엄마도 딸기 좋아하는데 함께 먹을까?
□ 사물/공 : 저기 공이 있네./공은 동그란 모양이네./데굴데굴 공이 굴러간다./우리 공 놀이 할까?(사진)
□ 음식/자장면 : 이건 자장면이라고 해./자장면은 까만색이지./자장면은 면발이 길어./자장면 맛있겠다!

□ 동물/고양이 : 고양이 꼬리 길다./고양이가 사뿐사뿐 걸어가네./갈색 고양
  이야./고양이는 "야옹" 소리를 내지.

단어카드 이렇게 사용해요(단어 Ⅱ)

발달영역 말하기, 인지, 사고
준 비 물 그림 또는 실사 단어 카드

단어 카드를 준비하되, 그림 단어 카드보다는 사진 카드를 선택하는 것이 좋다.
단어 카드를 분야별로 나누어 분류한다.
예시) 분야별 분류
□ 동물 □음식 □ 일상생활 □ 가족

1. 아동을 의자에 앉힌다. 부모는 아동이 단어 카드를 잘 볼 수 있도록 보여주고(사진), "이게 뭘까?" 또는 "이걸 뭐라고 하지?"라고 질문한다.

2. 질문을 했을 때 적절하게 답을 했을 때는 칭찬한 뒤 다음 문제로 넘어간다.

3. 만약 단어를 인지하지 못하면 부모가 정확한 발음으로 단어를 들려주고, 입 모양도 함께 보여준다. 이때 음절을 끊거나 늘려서 표현하지 않는다.

4. 단어 카드를 활용해 확장 언어를 제공한다. 예를 들어,

□ "이거(가까운 곳에 있는 단어카드를 손가락으로 가리키며) 뭐야? 소네."

□ "저거(멀리 있는 단어카드를 손가락으로 가리키며) 뭐야? 말이네."

□ "말 왼쪽에 무슨 동물일까? 뱀이 있네."

□ "양은 다리가 몇 개지? 4개지."

□ "소는 어떻게 울지. 음매하고 울지."

지능언어 영역

유아-02 우리 몸에 대해 알아봐요(신체)

발달영역 말하기, 인지, 사고
준 비 물 거울

아동의 신체를 직접 만져보며 명칭을 알아보고, 그 역할에 대해 학습한다.

1. 아동과 함께 우리 몸의 명칭에 대해 알아본다. 부모와 마주 앉거나 거울을
활용해 신체 부위를 가리키며 말해본다.

■ **얼굴**
□ 눈 □ 코 □ 입 □ 귀(사진) □ 볼 □ 턱 □ 머리

■ **몸**
□ 손 □ 팔 □ 목 □ 배 □ 등 □ 어깨 □ 가슴
□ 발 □ 다리 □ 무릎 □ 종아리 □ 허벅지

2. 우리 몸의 역할에 대해 알아본다.
□ 눈 → 보다. □ 코 → 냄새를 맡다.
□ 입 → 맛보다. □ 손 → 만지다. □ 귀 → 듣다.

3. 우리 몸에는 감각을 느낄 수 있는 5가지 기관에 대해 알아본다.
□ 코 → 후각 : 코로 냄새를 맡는 감각을 말해요.
□ 입 → 미각 : 혀로 음식물의 맛을 느끼는 감각을 말해요.
□ 눈 → 시각 : 눈으로 물체나 장면을 보는 감각을 말해요.

□ 귀 → 청각 : 귀로 소리를 듣는 감각을 말해요.

□ 손 → 촉각 : 피부로 느껴지는 다양한 자극들을 받아

　들이는 감각을 말해요.(사진)

가족을 소개해요(가족)

발달영역 말하기, 인지, 사고
준 비 물 가족 관계도, 가족 사진, 가족 인형 등

가족 관계도 또는 가족사진, 인형 도구(사진)를
준비해 호칭에 대해 배워보고, 이름과 나이 등
나와의 관계를 파악한다.

※ 가족 : 대체로 혈연, 혼인으로 관계되어 같이
　　일상생활을 공유하는 사람들의 집단(공동
　　체) 또는 그 구성원을 말한다.

1. 가족의 호칭에 대해 알아본다.

예시) "아빠 쪽의 가족을 친가라고 하고, 엄마쪽의 가족을 외가라고 해."

□ 친가 : 아버지의 일가　□ 외가 : 어머니의 일가

□ 친할아버지 : 아버지의 아버지　□친할머니 : 아버지의 어머니 → 친조부모

□ 외할아버지 : 어머니의 아버지

□ 외할머니 : 어머니의 어머니 → 외조부모　□ 엄마 : 나를 낳아 주신 분(여자)

□ 아빠 : 나를 낳아 주신 분(남자) → 부모　□ 큰아버지(백부) : 아버지의 형

□ 큰어머니(백모) : 큰아버지의 아내 → 자녀 : 친사촌

□ 작은아버지(숙부) : 아버지의 동생

□ 작은어머니(숙모) : 작은아버지의 아내 → 자녀 : 친사촌

□ 고모 : 아버지의 여자 형제　□고모부 : 고모의 남편 → 자녀 : 고종사촌

□ 외삼촌 : 어머니의 남자 형제　□외숙모 : 외삼촌의 아내 → 자녀 : 외종사촌

□ 이모 : 어머니의 자매　□이모부 : 이모의 남편 → 자녀 : 이종사촌

지능언어 영역

2. 형제 자매의 호칭을 알아본다.

예시) "오빠가 뭐야? 나이가 많은 남자 형제를 말해."

□ 형/오빠 : 나이 많은 남자 형제 □ 남/여 동생 : 나이 어린 사람

□ 언니 : 여자 형제 중 윗사람 □ 형제 : 형과 아우 사이

□ 자매 : 언니와 여동생 사이 □남매 : 남자와 여자 형제.

3. 가족의 이름과 나이를 묻는다.

예시) "엄마 성함이 뭐야?" 그리고 "엄마 연세가 어떻게 돼셔?"

□ 아빠-연세 □엄마-연세

□ 오빠/형/누나/언니-나이 □ 동생-나이

4. 가족사진을 보며 가족의 이름과 관계를 설명한다.

예시) 사진 속 친할아버지를 가리키며 "할아버지는 아빠의 아빠를 말해."

"할아버지 옆에 고모가 있네. 고모는 아빠의 여동생(누나)이야."

유아-04 짝꿍을 찾아봐요(짝 찾기)

발달영역 말하기, 인지, 사고
준 비 물 일상사물, 단어카드

일상생활 사물을 이용해 짝을 찾아본다. 사물의 짝꿍 찾기를 했을 때 가정에 있는 실물을 활용할 것을 권장한다.

1. 사물을 예를 들어 짝꿍을 알아본다.(사진)

예시) 칫솔과 치약이라면 두 사물을 준비한 뒤 "칫솔 짝꿍은 무엇일까?"라고 묻고 치약을 보여주며 짝꿍을 알려 준다.

☐ 칫솔-치약   ☐ 숟가락-젓가락

☐ 장갑-목도리   ☐ 샴푸-린스

☐ 샤프연필-샤프심 ☐ 연필-지우개

☐ 바지-티셔츠   ☐ 책상-의자

2. 가족을 예를 들어 짝꿍을 찾아본다.

예시) "아빠 짝꿍은 누구일까?", "엄마야~"

☐ 아빠-엄마   ☐ 할아버지-할머니

☐ 이모-이모부   ☐ 고모-고모부

☐ 외삼촌-외숙모   ☐ 큰아버지-큰어머니

지능언어 영역

어디 있을까요?(위치/방향)

발달영역 말하기, 인지, 사고
준 비 물 일상사물(책상, 상자 등)

아동의 신체 및 사물을 활용해 방향과 위치를 인지하도록 훈련한다. 학습을 진행하기 전 아동에게 사물의 위치를 한 번 인지시킨다. 언어만 사용해 위치와 방향을 확인한다. 만약, 도움이 필요할 때는 방향과 위치에 대한 힌트를 제공한다.

1. 손의 위치를 통해 방향을 인지하도록 유도한다.

예시)

아동을 의자에 앉혀 놓고 "오른손 들어", "왼손 들어", "두 손(양손) 다 들어" 등을 언어로 표현한다. 발을 활용해서 같은 방법으로 해 본다.

□ 왼손 □ 오른손 □ 두 손(양손)

2. 책상이나 상자 등의 사물을 활용해 위치와 방향을 학습한다.

예시)

장난감과 책상을 활용할 경우 (장난감을 책상 위에 올려 놓는다.) "장난감이 어디에 있지?"라고 묻는다. "책상 위."라고 답하도록 유도한다. 만약 답을 하지 않을 땐 "장난감이 책상 위에 있네."라고 답을 제시한다. 또, 상자를 이용할 경우 (장난감을 상자 안에 넣고) "장난감이 어디에 있지?"라고 묻는다. "상자 안."이라는 답을 유도한다. 만약 답을 하지 않으면 힌트를 제공한다.

□ 위(상) □ 아래(하) □ 왼쪽(좌) □ 오른쪽(우) (사진)

□ 안 □ 밖 □ 옆 □ 뒤 □ 앞 □ 사이

유아-06 오늘 날씨는 어때?(날씨/계절)

발달영역 말하기, 인지, 사고
준 비 물 사계절 및 날씨 사진이나 그림

사계절 및 날씨와 관련된 사진이나 교구를 준비한다. 우리나라는 사계절(봄, 여름. 가을, 겨울)로 이루어져 있고, 계절마다 특징을 가지고 있는 점을 알아둔다. 아동이 기억할 수 있는 추억을 회상하며 계절을 인지할 수 있도록 유도한다.

1. 사계절과 현상에 대해 이야기해 본다.

예시)

계절과 관련된 질문을 한다. "우리나라에는 몇 개의 계절이 있을까?"라고 질문한다. 사계절에 대한 답을 하면 관련 계절의 특징과 현상에 대해 이야기를 나눈다. "겨울은 날씨가 어때?", "눈 사람을 만들 수 있는 계절은 언제일까?" 등의 질문을 실시한다. "너는 어떤 계절을 좋아해?", "그 계절이 왜 좋아?"라고 질문을 확장해 본다.

□ 봄 : 봄은 따뜻해요.
- 현상 : 새싹이 자라요. 꽃이 펴요. 나비가 날아다녀요.
□ 여름 : 여름은 더워요.
- 현상 : 땀이 나요. 수박을 먹어요. 바다에 가요.
□ 가을 : 가을은 선선해요.
- 현상 : 낙엽이 져요. 잠자리가 날아다녀요. 허수아비 아저씨를 볼 수 있어요.

지능언어 영역

□ 겨울 : 겨울은 추워요.

- 현상 : 눈이 내려요. 눈사람을 만들 수 있어요. 얼음이 얼어요.

2. 날씨(사진)의 종류를 말하고, 관련된 이야기를 나눈다.

예시)

아동에게 밖의 날씨를 보여 준 뒤 "오늘 날씨 어때?" 하고 묻는다. 비가 오는 경우 "하늘에서 뭐가 내리지?" 라고 묻고 "비" 라고 말하면 "오늘은 비오는 날이네." 라고 말해준다. "비를 맞지 않으려면 어떻게 준비하고 나가야 하지?" 라고 말한다. 아동이 자유롭게 답을 할 수 있도록 유도한다. 예를 들어 우산을 써요, 장화를 신어요, 우비를 입어요 등.

□ 맑음-해가 쨍쨍 비춰요. 날이 더워요.

□ 흐림-구름이 많아요. 하늘이 흐려요.

□ 눈-하늘에서 눈이 내려요. 추워요.

□ 비-비가 와요. 우산을 써요.

□ 안개-앞이 안보여요. 답답해요.

□ 천둥번개-하늘에서 소리가 나요. 우르르 쾅쾅. 무서워요.

반대말은 뭘까요?(반대말)

발달영역 말하기, 인지, 사고
준 비 물 반대말 짝이 되는 사진 또는 교구(길이 막대, 쌓기 블록 등)

일상생활에서 반대말의 짝을 찾아본다. 반대말의 뜻과 그 짝을 살펴본다. 어휘의 수준이 쉬운 것부터 어려운 순으로 접근한다.

반대말을 비교해 설명한다.

예시)

아동에게 "부지런하다의 반대말은 무엇일까?"라고 묻는다. 아동이 "게으르다."를 답하도록 유도한다. 이때 '부지런하다'(어떤 일을 꾸물거리거나 미루지 않고 꾸준하게 열심히 하는 태도)의 뜻과 '게으르다'(행동이 느리고 움직이거나 일하기를 싫어하는 성미나 버릇)의 뜻을 설명한다.

□ 빠르다-느리다.　　　　□ 길다-짧다. (위 사진)
□ 많다-적다. (아래 사진)　□ 강하다-약하다.
□ 밝다-어둡다.　　　　　□ 높다-낮다.
□ 맑다-흐리다.　　　　　□ 넓다-좁다.
□ 열다-닫다.　　　　　　□ 착하다-나쁘다.
□ 덥다-춥다.　　　　　　□ 딱딱하다-부드럽다.
□ 날카롭다-무디다.　　　□ 달다-쓰다.
□ 굵다-얇다.　　　　　　□ 부지런하다-게으르다.

53

유아-08 어른에게 어떻게 말해야 할까요?(존댓말)

발달영역 말하기, 인지, 사고
준 비 물 생일 사진, 먹는 사진, 잘 때 사진, 아플 때 사진이나 그림 등

일상생활에서 사용하는 존댓말(높임말)을 찾아본다. 존댓말은 사람이나 사물을 높여 부르는 말로, 어떤 상황에서 사용하는지 그 예를 들어 설명한다.

1. 친구와 어른에게 사용하는 언어의 차이점을 설명하고, 예를 들어 말한다.
예시)
아동에게 존댓말의 의미를 설명하고, "어른에게 나이를 물을 때 뭐라고 말해야 할까?"라고 묻는다. 아동이 "연세요."라고 말하도록 유도한다. 답을 인지하지 못할 경우 부모가 힌트를 주거나 답을 가르쳐 준다.

☐ 나이 → 연세
  예) 준혁아, 너 몇 살이야? / 할아버지 연세가 어떻게 되니?
☐ 생일 → 생신
  예) 오늘은 내 생일이야. / 내일은 아빠 생신이야.
☐ 내가 → 제가
  예) 내가 할게. / 제가 할게요.
☐ 이름 → 성함
  예) 너, 이름이 뭐야? / 성함이 어떻게 되세요?
☐ 말 → 말씀
  예) 네가 말해. / 할아버지가 말씀하세요.
☐ 밥 → 진지

예) 밥 먹었어? / 진지 드셨어요?

☐ 먹다 → 잡수시다

　　예) 찬오가 사과를 먹네. / 할아버지가 사과를 잡수시네.

☐ 주다 → 드리다

　　예) 은진이가 찬우에게 귤을 준다. / 은진이가 할머니께 귤을 드린다.

☐ 자다 → 주무시다

　　예) 석민이가 자네. / 할머니가 주무시네.

☐ 아프다 → 편찮으시다

　　예) 진우가 아프데. / 할머니가 편찮으시데.

☐ ~에게 → ~께

　　예) 규현이에게 사탕 주자. / 할아버지께 사탕 드리자.

2. 어른에게 사용하는 인사말을 알아본다.

예시)

아동에게 어른에게 인사할 때 높임말을 사용해야 한다는 것을 설명한다. "어른을 만났을 때 어떻게 인사해야 할까?"라고 묻고, "안녕하세요."라고 답을 하도록 가르친다. 그밖에 다양한 인사말의 높임말을 표현하도록 유도한다.

☐ 만났을 때

　　안녕? / 안녕하세요. (사진)

☐ 축하할 때

　　축하해. / 축하합니다.

☐ 축하를 받았을 때

　　고마워. / 고맙습니다.

☐ 헤어질 때

잘 가. / 안녕히 가세요.

☐ 아침에 일어났을 때

　잘 잤어? / 안녕히 주무셨어요?

☐ 밥을 먹을 때

　맛있게 먹을게. / 맛있게 먹겠습니다.

☐ 잘 때

　잘 자. / 안녕히 주무세요.

끼리끼리 나눠요(분류)

발달영역 말하기, 인지, 사고
준 비 물 일상 도구, 단어카드

일상생활 도구를 활용해 분류할 수 있도록 한다. 질문은 아동의 수준에 따라 다양하게 응용할 수 있다.

일상생활에서 교구를 찾기 힘들다면 단어 카드를 활용한다. 만약 사고가 가능하면 사물이나 그림을 보여주지 말고 말로 묻고 답하도록 유도한다.

학용품, 모양, 채소, 과일 등 일상생활에서 쉽게 접할 수 있는 사물을 활용해 분류해 본다.

예시)

학용품 중 지우개, 연필, 색연필, 자, 칼, 자동차 장난감을 준비한다. 사물을 나열한 뒤 "학용품이 아닌 것을 무엇일까?"라고 묻고, 대답할 수 있도록 유도한다. 학용품에 대한 이야기도 나눠 본다.

□ 학용품 : 지우개, 연필, 색연필, 자, 칼, 자동차 장
  난감 등을 준비한다.
  – 학용품이 아닌 물건은 무엇일까?

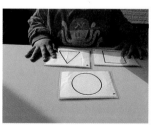

□ 모양 : 세모, 네모, 동그라미, 오각형 등 모양을
  준비한다. (사진)
  – 동그라미 모양을 골라볼까?

□ 채소(야채) : 가지, 고추, 상추, 오이, 당근 등을
  준비한다.

지능언어영역

- 초록색 채소(야채)는 무엇일까?

☐ 과일 : 사과, 딸기, 바나나, 귤, 레몬, 수박, 키위, 멜론, 포도 등을 준비한다.

- 빨간색 과일은 뭐가 있을까요?

☐ 동물 : 토끼, 코끼리, 강아지, 고양이, 오리, 원숭이, 돌고래 등을 제시한다.

- 하늘을 나는 동물을 찾아볼까?

- 다리가 2개 있는 동물은 뭘까?

☐ 신발 : 운동화, 구두, 샌들, 장화, 부츠, 하이힐을 준비한다.

- 비 올 때 신는 신발을 말해볼까?

- 굽이 높은 신발은 무엇일까?

☐ 운동 : 축구, 야구, 농구, 배구, 배드민턴, 탁구, 줄넘기 등을 보여준다.

- 공으로 하지 않는 운동은?

- 발로 공을 차는 운동은?

☐ 악기 : 트럼펫, 첼로, 리코더, 피아노, 축구공을 제시한다.

- 악기가 아닌 것은?

- 입으로 부는 악기는 무엇일까?

끝말을 이어 봐요(끝말잇기)

발달영역 말하기, 인지, 사고
준 비 물 없음

끝말잇기는 한 사람이 단어를 말하면 그 단어의 맨 끝 글자에 해당하는 말로 시작하는 단어를 이어서 말하는 놀이다.

어느 정도 어휘력을 갖춘 아동이라면 끝말잇기 놀이를 해 본다.

① 끝말잇기에 대한 설명과 규칙을 설명해 준다.
② 우선 아동이 좋아하는 단어로 끝말잇기 놀이를 시도해 본다.
③ 놀이 중 아동이 다음 단어를 제시하지 못하거나 막힐 때는 부모가 힌트를 제공한다.

예시)

부모가 먼저 "우리 끝말잇기 놀이해볼까? 좋아하는 과일 이름으로 시작하자." 라고 단어를 제시한다. 아동이 다음 단어를 잇지 못하면 부모가 "(이쑤시개 단어를 유도할 때) 이를 쑤실 때 사용하는 걸 뭐라고 하지?" 라고 힌트를 제공한다.

☐ 과일의 경우
① 사과 → 과일 → 일정표 → 표지 → 지렁이 → 이쑤시개 → 개미 → 미꾸라지
② 딸기 → 기차 → 차표 → 표범 → 범고래
☐ 탈 것의 경우
① 지하철 → 철도 → 도라지 → 지네 → 네비게이션
② 버스 → 스페인 → 인사 → 사진 → 진돗개

□ 학용품

① 연필 → 필통 → 통조림 → 립프선 → 선장 → 장독대

② 지우개 → 개미지옥 → 옥장판 → 판도라 → 라면

■ 끝말잇기 규칙

① 한 글자 단어는 불가능하다.

② 둘 이상의 참가자가 모여 순서를 정한다(혼자 할 경우 ⑤부터 적용).

③ 첫 번째 참가자가 단어를 말한다.

④ 다음 참가자가 앞 참가자가 말한 단어의 마지막 글자로 시작하는 단어를 말한다.

⑤ 첫 단어부터 막히는 단어는 사용할 수 없다.

⑥ 두음법칙(말의 첫머리가 다른 말로 바뀌는 것-예, 드럼-엄마) 사용이 가능하다.

⑦ 국어사전에 등재되지 않은 단어는 뺄 수 있다.

초등-01 순서대로 맞춰요(순서)

발달영역 말하기, 인지, 사고
준 비 물 상황에 맞는 사물, 그림

상황을 보고 일어난 순서대로 말을 해 본다.

예시)

아동이 태어나서 지금까지 사진 4장을 준비한다. 엄마가 사진을 펼쳐 놓고 아이가 자라난 시간 순서대로 나열하도록 유도한다. 사진을 보며 기억나는 추억을 이야기 나눠본다.

□ 아동(본인)이 태어나 지금까지 자란 사진을 준비한다.

① 아동이 갓 태어난 사진을 보여 준다.

② 100일 사진을 보여준다.

③ 돌 사진을 보여준다.

④ 최근 사진을 보여준다.

⑤ 태어난 시간에 따라 순서대로 배열하고 기억나는 이야기를 나눠본다.

결과 : 태어난 사진→100일 사진 → 돌 사진→최근 사진

□ 병아리를 키웠어요. 닭으로 자라나는 과
　정을 배워본다. (사진)

① 달걀 모양의 사진을 준비한다.

② 달걀이 깨지고 병아리가 부화하는 사진을
　준비한다.

③ 병아리 사진을 준비한다.

④ 닭 사진을 준비한다.

⑤ 병아리가 부화해 닭이 되는 사진을 순서대로 나열하고 특징에 대한 이야기를 나눠본다.

결과 : 달걀→부화 사진→병아리 사진→닭 사진

□ 컵에 든 물을 보고, 순서를 알아 맞춰본다.

① 물이 가득 든 컵을 준비한다.

② 물이 절반 든 컵을 준비한다.

③ 물이 없는 빈 컵을 준비한다.

④ 물이 마셔서 사라지는 순서를 나열한다.

결과 : 물 가득 컵→반 컵→빈 컵

□ 어른부터 노인까지 모습을 보고 노화되는 순서를 알아본다.

① 갓난아이 사진을 준비한다.

② 아동 사진을 준비한다.

③ 청소년 사진을 준비한다.

④ 성인 사진을 준한다.

⑤ 노인 사진을 준비한다.

⑥ 태어나서 나이가 들어가는 순서를 나열하고, 그 나이에 하고 싶은 일에 대해 이야기해 본다.

결과 : 갓난아이→아동→청소년→성인→노인

오늘은 몇월 며칠이지?(달력)

발달영역 말하기, 인지, 사고
준 비 물 달력

올해 달력을 준비한다. 아동과 함께 달력을 보며 어제, 오늘, 내일에 개념을 알려 준다. 또 하루 단위와 일주일에 대한 설명도 덧붙인다. 더 나아가 지난 주, 이번 주, 다음 주, 작년, 올해, 내년 등의 개념도 알려준다.

예시)

- 7일이 모이면 일주일이 되는 거야.

- 하룻밤을 자면 내일이야.

- 하루는 24시간으로 이루어졌어.

1. 요일 단어를 배열 한 뒤 순서를 인지시킨다.

월, 화, 수, 목, 금, 토, 일.

- 일주일은 모두 7일로 이루어졌어.

- 월~금요일까지 평일이라고 해.

- 토요일과 일요일은 학교에 가지 않아.

2. 달력을 보여주며 연, 월, 일에 대한 개념을 설명한다.

예시) 2024년 12월 20일

- 올해는 2024년이라고 해.

- 한 해는 12개의 달로 이루어졌어.

- 한 달은 짧게는 28일, 길게는 31일이 있어.

3. 공휴일에 대해 알아보자. 공휴일은 국경일을 포함해 일요일과 같이 공적으로 정해진 휴일을 말한다(제헌절 제외). 공휴일은 신정, 설날, 3.1절, 어린이날, 부처님오신날, 현충일, 광복절, 추석, 개천절, 한글날, 크리스마스 등을 말한다.

- 공휴일은 어떤 날이 있을까? 달력에 빨간 날이 언제인지 볼까?(달력을 보며 국경일을 말해본다.)

- 12월 달력에서 공휴일은 무슨 날일까? 12월 25일 크리스마스.

4. 국경일은 국가의 경사로운 날을 기념하기 위한 날을 말한다. 3·1절(3월 1일), 제헌절(7월 17일), 광복절(8월 15일), 개천절(10월 3일), 한글날(10월 9일)

- 한글날은 무슨 요일일까? 수요일.

- 개천절은 몇 월 달에 있지? 10월.

- 광복절은 무슨 말일까? 1945년 우리나라가 일본으로부터 해방된 것을 기념하고, 임시정부 법통을 계승한 대한민국 정부수립을 축하하는 날을 말해.

같아요, 달라요(공통점과 차이점)

발달영역 말하기, 인지, 사고
준 비 물 오징어와 문어 등 비교할 만한 사진 및 그림

아동이 공통점(비슷하거나 같은 점)과 차이점(서로 다른 점)의 개념을 인지할 수 있는지 확인한다. 대상을 비교하며 같은 점과 다른 점을 이야기 나눠 본다.

두 개의 그림을 준비한 뒤 같은 점과 다른 점을 이야기해본다.

예시)

오징어와 문어의 그림을 보여주며 "오징어와 문어의 같은 점은 무엇일까"라고 묻고, 아동이 답하도록 기다린다. 공통점에 대해 이야기를 나눈 다음 차이점에 대해서도 이야기해 본다. 아동이 답을 하지 못하면 힌트를 제공해 답변을 유도한다.

□ 오징어와 문어(사진)

- 공통점 : 바다에 산다. 다리가 많다. 만지면 미끄럽다. 다리에 빨판이 있다. 연체동물이다.
- 차이점 : 오징어는 다리가 10개다. 문어는 다리가 8개다. 오징어는 머리가 세모다. 문어는 머리가 동그랗다.

지은언어 영역

□ 비행기와 잠자리
- 공통점 : 하늘을 날 수 있어요. 날개가 있어요.
- 차이점 : 비행기는 기계고, 잠자리는 동물이에요. 비행기는 사람이 탈 수 있고,
  잠자리는 탈 수 없어요.

□ 아이스크림과 눈
- 공통점 : 차가워요. 따뜻하면 녹아요.
- 차이점 : 아이스크림은 달콤해요(먹을 수 있어요). 눈은 맛 없어요(먹으면 안
  돼요).

□ 사탕과 꿀
- 공통점 : 달아요. 맛있어요. 많이 먹으면 건강에 좋지 않아요.
- 차이점 : 사탕은 딱딱해요(고체). 꿀은 물 같아요(액체).

말을 꾸며요(관형사/부사)

발달영역 말하기, 인지, 사고
준 비 물 꾸며주는 말과 관련된 그림 및 사진

문장을 꾸며주는 말에 대해 알아본다. 단어의 앞 또는 뒤에 오는 말을 꾸며 그 뜻
을 자세하게(또는 정확하게) 해 주는 말이다. 꾸며주는 말에는 관형사와 부사가
있다.

※ 관형사는 체언(명사, 대명사, 수사) 앞에서 꾸며주는 말이고, 부사는 용언(동
사, 형용사)을 꾸며주는 말이다.

꾸며주는 말을 알아본다.

예시)

우선 아동에게 꾸며 주는 말에 대한 설명을 한다. "우리가 사용하는 말 중에 꾸
며주는 말은 어떤게 있는지 생각해 볼까?"라고 이야기한다. 아동이 선뜻 대답을
하지 못하면 부모가 먼저 예를 들어 설명한다. 다양한 예시는 아래를 참고한다.

■ 관형사

명사, 대명사, 수사 앞에 쓰이고, 조사가 붙지 않는다는 특징을 갖고 있다.

- <u>새</u> 신발을 사서 기분이 좋아요.
- <u>그</u> 무엇도 가족을 대신할 수 없어요.
- <u>옛</u> 친구를 만났어요.
- <u>맨</u> 처음에 들어왔어요.
- <u>귀여운</u> 아기 강아지가 저기 있다. (사진)
- 동생은 <u>달콤한</u> 솜사탕을 좋아합니다.

지능언어 영역

- 시원한 바람이 붑니다.
- 창밖에서 아름다운 노랫소리가 들려옵니다.

■ 부사

동사, 형용사 등을 꾸며주며, 의성어와 의태어도 이에 속한다.

- 일찍 일어났어? → 일찍 : 일정 시간보다 이르게
- 빨리 걷자 → 빨리 : 걸리는 시간이 짧게
- 열심히 공부 했어요 → 열심히 : 어떤 일에 온 정성을 다해
- 가까이 다가가다 → 가까이 : 친밀하다, 한 지점에서 거리가 조금 떨어져 있는 상황
- 꽃이 활짝 폈네 (사진) → 활짝 : 시원스럽게 열림
- 주먹을 불끈 쥐다 → 불끈 : 주먹에 힘을 꽉 쥐는, 흥분하여 성을 내는
- 물이 가득 차다 → 가득 : 꽉 차게
- 더 빨리 가자 → 더 : 계속, 정도가 심하게
- 약속 꼭 지켜 → 꼭 : 어떤 일이 있어도 틀림없이
- 빨리 걸어보자 → 빨리 : 걸리는 시간이 짧게
- 훨씬 빨리 가자 → 훨씬 : 정도 이상으로 차이 나게
- 가장 멋지다 → 가장 : 여럿 중 어느 것보다 정도가 높게

액체, 기체, 고체란?(상태)

발달영역 말하기, 인지, 사고
준 비 물 고체(연필, 가위), 액체(물, 우유), 기체(풍선 안의 공기, 수증기)

가정에 있는 액체, 고체, 기체류를 준비한다. 직접 보여주며, 만져볼 수 있도록 한다. 준비하기 힘들면 사진이나 그림으로 대체한다. 상태에 대한 뜻을 설명한 뒤 질문을 한다. 예를 들어, 고체(얼음), 액체(물), 기체(수증기)를 들 수 있다.

※ 액체는 모양이 일정하지 않고 담는 그릇에 따라 변하며 힘을 가해도 부피가 줄어들지 않는 물질을 말한다. 고체는 일정한 모양과 부피를 가지고 있는 물질의 상태를 말한다. 기체는 모양과 부피가 일정하지 않으며 액체처럼 흐르는 성질이 있고 힘을 가하면 부피가 줄어드는 물질의 상태를 말한다.

1. 일상생활에서 고체, 액체, 기체를 찾아보고, 어떤 것들이 있는지 말해본다.

☐ 고체 : 연필, 가위, 공책, 장난감, 컵, 의자, 텔레비전 등 (왼쪽 사진)

☐ 액체 : 물, 우유, 음료수, 커피 등 (오른쪽 사진)

☐ 기체 : 공기, 풍선 안의 공기, 수증기 등

2. 각 상태를 나열한 것 중 아닌 것을 골라본다.

☐ 액체가 아닌 것을 찾아본다.

　- 물, 축구공, 음료수, 우유

□ 고체가 아닌 것은?

  - 나무, 돌, 물, 쇠, 얼음

□ 기체가 아닌 것은?

  - 돌, 산소, 수소, 질소

3. 물은 온도에 따라 액체, 고체, 기체 형태로 변한다. 상태에 따라 형태를 알아
   본다.

□ 물을 얼리면 → 고체

□ 물을 끓이면 → 기체

□ 물 그 상태 → 액체

다음에 어떤 일이 생길까?(상황유추)

발달영역 말하기, 인지, 사고
준 비 물 상황유추 관련 사진 및 그림 동화책(백설공주, 인어공주 등)

다음에 어떤 일이 생길지 유추해 볼 수 있는 질문을 한다. 처음엔 단순하게 원인에 따른 결과를 묻고, 답할 수 있도록 유도한다. 더 나아가 최근에 읽거나 알고 있는 동화책의 다음 이야기를 상상해 볼 수 있도록 생각을 이끌어 낸다.

1. 일상생활에서 발생할 수 있는 일을 예로 들어 질문하고, 답을 유도한다.

예시)

"사탕과 케이크를 많이 먹으면 어떻게 될까?"라고 묻고 "밥을 잘 안 먹게 돼요." 또는 "이가 상해서 치과에 가야 돼요." 등의 다양한 답을 할 수 있도록 이끌어 낸다. 단순한 질문에 대답을 잘 할 경우 자신의 생각과 의견을 낼 수 있는 질문으로 확장한다.

☐ 질문 : 저녁 식사 시간에 밥을 먹지 않고 과자만 먹으면 어떻게 될까?
☐ 답변 : 잘 때 배가 고파요.

☐ 질문 : 욕실 바닥에 비눗물을 제대로 청소하지 않고 나오면 어떻게 될까?
☐ 답변 : 다음 사람이 미끄러져서 엉덩방아를 찔 수 있어요.

☐ 질문 : 엄마와 놀이터에 가기로 했는데 비가 오네. 어떻게 할까?
☐ 답변 : 실내 놀이터로 가자고 해요. 또는 그냥 집에서 놀아요.

지능언어 영역

□ 질문 : 세탁기가 고장이 났는데 어떻게 해야 할까?

□ 답변 : 세탁기를 고치기 위해 수리공 아저씨를 불러야 해요.

2. 동화책을 읽고, 앞으로 일어날 일을 상상하며
　이야기를 나눠본다. (사진)

예시)

최근에 읽은 책이나 좋아하는 책을 선정한다.
만약 백설공주 책을 읽었다면 "백설공주와 왕
자는 어떻게 살았을 것 같아?" 또는 "일곱 난쟁이는 어떻게 되었을까?"라고 묻
고 자유롭게 답을 할 수 있도록 유도한다.

□ 백설공주를 읽고 난 후 앞으로 일어날 수 있는 일을 나눠 본다.

예시) 백설공주가 왕자와 행복하게 살면서 아이를 다섯 명이나 낳았어요.

　　　일곱 난쟁이들과 계속 연락하고 지내며 파티에도 초대했대요.

□ 인어공주 이야기를 읽고, 왕자가 어떻게 됐을까 생각해 본다.

예시) 왕자는 인어공주가 없어진 것을 알고 슬퍼했대요.

　　　인어공주 언니들이 나타나 왕자를 괴롭혔대요.

자폐인의 형학

초등-07 만약에 말야...(가상질문)

발달영역 말하기, 인지, 사고
준 비 물 없음

'내가 만약에 ○○라면...'이라는 가정을 하고, 가상질문을 통해 아동과 이야기를 나눈다. 상대방의 입장이 되어 보거나 못했던 것을 하게 됐을 때 이야기를 나누어 본다.

1. '내가 만약에 ○○라면~'이라고 가정을 하고, 상대방의 입장에서 이야기 해본다.

예시)

최근 본인이 겪었던 일 중 상대방의 입장을 고려해 볼 수 있는 상황을 예로 들어 역지사지(易地思之)의 감정을 느껴보게 한다.

☐ 동생과 장난감을 가지고 놀고 있다. 동생이 가지고 노는 장난감이 재미있어 보여 뺏었더니 막 울기 시작했다. 내가 만약 동생이라면 지금 어떤 마음일까?
☐ 엄마가 아침 일찍 일어나 밥을 해주셨다. 그런데 내가 좋아하는 반찬이 없어 밥을 먹지 않겠다고 말했다. 내가 만약 엄마라면 어떤 마음일까?

2. '내가 만약 ○○라면~이라면, 무엇을 하고 싶은지 말해본다.

예시)

실제 일어나지 않았지만 일어날 수 있는 일에 대해 질문을 하고, 생각을 묻는다. 다소 엉뚱한 질문을 답해도 듣고 호응한다.

☐ 내가 만약 새처럼 하늘을 날 수 있다면 어디에 가고 싶어?

□ 내가 만약 바닷속 물고기처럼 숨을 쉴 수 있다면 무엇을 하고 싶어? (왼쪽 사진)

□ 내가 만약 기린처럼 키가 크다면 무엇을 하고 싶어? (오른쪽 사진)

초등-08 오늘은 무슨 일이 있었나요?(육하원칙)

발달영역 말하기, 인지, 사고
준 비 물 일기장, 연필, 지우개

1. 아동에게 오늘 하루 무슨 일이 있었는지 육하원칙을 사용해 말해 보도록 유도한다.

※ 육하원칙 : 누가, 언제, 어디서, 무엇을, 어떻게, 왜

예시)

① 부모는 아동에게 오늘 하루 동안 있었던 일 중 기억에 남는 일이 무엇인지 물어본다.

② 바로 대답하지 못하면 시간의 순서대로 말할 수 있도록 유도한다. 이때, 어순이나 단어 사용이 어색하더라도 스스로 표현할 수 있도록 한다.

　예시) 혼났어요. 아빠한테

③ 문맥이 끊겼을 때는 육하원칙(누가, 언제, 어디서, 무엇을, 어떻게, 왜)을 활용해 이야기를 이끌어 낸다.

　예시) 아빠한테 왜 혼났어? 물 장난쳐서요.

　　　　어디서 물장난을 쳤어? 화장실에서요.

　　　　누구랑 물장난을 쳤어? 혼자요.

④ 어색한 문장은 교정해 다시 들려준다.

　예시) 어제/혼났어요./아빠한테/물장난을 쳤어요./화장실에서

　　　→ 어제 화장실에서 물장난을 쳐서 아빠한테 혼났어요.

2. 하루일과를 일기로 써 보고 육하원칙을 찾아 본다. <참고>

예시) 나는 오늘 수업을 마치고 친구들과 학교 운동장에서 줄넘기를 했다.

지능언어 영역

75

□ 누가 줄넘기를 했지? 나와 친구들.

□ 언제 줄넘기를 했지? 수업 마치고.

□ 어디에서 줄넘기를 했지? 학교 운동장에서.

□ 운동장에서 무엇을 했지? 줄넘기.

참고)

나는	어제	엄마와	집에서	학교 숙제로	쿠키를	신나게 만들었다.
누가	언제	누가	어디서	왜	무엇을	어떻게

그래서 어떻게 됐지?(원인과 결과)

발달영역 말하기, 인지, 사고
준 비 물 없음

원인과 결과가 뚜렷한 문장을 통해 인과 관계를 이야기해본다.

예시)

부모가 "○○이 아이스크림을 많이 먹었어. 그러면 어떻게 될까?"라고 묻는다.

아이는 "배가 아파요." 또는 "감기에 걸려요."라고 말을 한다.

그럴 때 아이스크림을 많이 먹었을 때(원인) 일어나는 일이 '결과'라는 것을 설명해 준다.

1. 일상생활의 다양한 원인과 결과에 대해 이야기해 본다.

☐ 원인 : 아이스크림을 많이 먹었습니다. → 결과 : 배탈이 났습니다. (사진)

☐ 원인 : 이가 아팠습니다.→ 결과 : 치과에 갔습니다.

☐ 원인 : 빨간색 신호등일 때 길을 건넜습니다. → 결과 : 차에 치일 뻔했습니다.

☐ 원인 : 아빠가 운전을 하는데 신호를 지키지 않았습니다. → 결과 : 사고가 났어요. (사진)

☐ 원인 : 저녁 때 냉장고에 아이스크림 2개를 넣어 놨는데, 다음 날 아침 냉장고를 열어보니 1개밖에 없었습니다. → 결과 : 형(오빠)이 아이스크림을 먹었습니다.

지능언어 영역

□ 원인 : 운동장에서 친구와 시소를 타고 있는데, 날아오는 축구공에 머리를 맞
았습니다. → 결과 : 아팠지만 참았습니다.

□ 원인 : 너무 더워서 에어컨을 켜 놓고 잤습니다. → 결과 : 감기에 걸리고 말았
습니다.

2. 이번엔 반대로 결과에 따른 원인을 말해본다.

예시)

부모가 "시력이 나빠진 원인(이유)은 무엇일까?"라고 묻고 아동의 대답을 기다
린다.

아동이 "책을 가까이 봐서." 또는 "휴대폰을 많이 봐서." 등 자신의 생각을 이야
기하도록 유도한다.

□ 원인 : 책을 가까이 봤습니다. → 결과 : 시력이 나빠졌습니다.

□ 원인 : 날씨가 더워 땀을 많이 흘렸습니다. → 결과 : 바다에 가서 수영을 했습
니다.

□ 원인 : 늦잠을 잤습니다. → 결과 : 학교에 지각을 했습니다.

□ 원인 : 아침을 조금 먹었습니다. → 결과 : 점심 때 배가 많이 고팠습니다.

□ 원인 : 장난감을 정리정돈하지 않고 아무 곳이나 뒀습니다. → 결과 : 장난감
을 찾는 데 시간이 한참 걸렸습니다.

기분이 어때?(감정)

발달영역 말하기, 인지, 사고
준비물 거울, 색연필, 스케치북

감정의 종류(표 참고)에 대해 알아보고, 이야기를 나눠본다.

※ 감정을 크게 '희로애락'으로 나뉘는데, 기쁜 감정을 '희', 화나는 감정을 '로 (노)', 슬픈 감정을 '애', 즐거운 감정을 '락'이라고 한다.

1. 오늘 느낀 기분을 이야기하고, 거울을 보며 표정을 지어보도록 한다(왼쪽 사진). 왜 그런 기분이 드는지 이유를 묻고 이야기를 나눈다. 감정이나 기분 이 나와 있는 책을 함께 읽는 것도 좋다(오른쪽 사진).

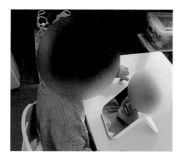

2. 감정을 나타내는 얼굴을 따라 그려보고, 앞에서 배운 다양한 표현을 이용하 여 무슨 기분을 나타내고 있는지 적어 본다.

3. 상황을 보고 어떤 감정이 들지 생각해 본다.

예시)

☐ 철수는 차 문에 손이 끼어 다쳤어요. 엄마의 마음은 어떨까요?

지능언어 영역

→ 슬프다. 깜짝 놀라다. 걱정된다.

☐ 철수가 친구의 가방에 물을 쏟았어요. 친구의 마음은 어떨까요?

→ 기분이 나빠요. 철수가 미워요. 화가 나요.

☐ 천둥이 치면 어떤 기분일까요?

→ 무서워요.

☐ 이모가 ○○에게 옷을 사줬어요. 그런데 옷이 너무 커요. ○○은 기분이 어떨까요?

→ 실망해요. 서운해요.

☐ 시장에서 엄마를 잃어 버렸어요. 어떤 기분일까요?

→ 무서워요. 겁이나요. 슬퍼요.

4. 어떤 감정 상태에서 말을 했는지 알아보고, 그 속뜻을 살펴본다.

예시)

☐ 엄마 : "놀이터 안 갈 거면 밥 먹지 마!"

→ 엄마는 네가 밥을 먹고 놀이터에 갔으면 좋겠다. 놀이터에 가려면 밥을 먹어야해.

☐ 엄마 : "엄마 일하니까 저리 가서 놀아!"

→ 엄마가 지금은 바쁘니까 이따 놀아줄게. 우선 혼자 놀아라.

☐ 엄마 "그러니까 조심하랬지!"

→ 네가 다쳐서 엄마가 많이 속상하단다.

☐ 엄마 : "우아, ○○이 그림 최고다."

→ 그림을 잘 그려서 엄마는 기쁘단다. 칭찬해.

☐ 엄마 : "우리 아들 자전거도 탈 줄 알아?"

→ 자전거를 못 타는 줄 알았는데 잘 타서 깜짝 놀랐어.

■ 감정의 종류

기쁨과 애정(희, 락)	슬픔과 근심(애)	두려움과 분노(로)
□ 기쁘다.	□ 씁쓸하다.	□ 두렵다.
□ 편안하다.	□ 애처롭다.	□ 무섭다.
□ 평화롭다.	□ 외롭다.	□ 불안하다.
□ 즐겁다.	□ 우울하다.	□ 겁나다.
□ 상쾌하다.	□ 울적하다.	□ 긴장되다.
□ 뿌듯하다.	□ 슬프다.	□ 당황하다.
□ 가슴 벅차다.	□ 불행하다.	□ 초조하다.
□ 따뜻하다.	□ 서럽다.	□ 주눅들다.
□ 유쾌하다.	□ 안쓰럽다.	□ 무시무시하다.
□ 안심된다.	□ 비관하다.	□ 놀라다.
□ 통쾌하다.	□ 불쾌하다.	□ 부끄럽다.
□ 뭉클하다.	□ 불편하다.	□ 원망스럽다.
□ 자랑스럽다.	□ 애잔하다.	□ 경멸하다.
□ 찡하다.	□ 염려스럽다.	□ 분통터지다.
□ 설렌다.	□ 답답하다.	□ 짜증나다.
□ 감미롭다.	□ 서글프다.	□ 심술나다.
□ 짜릿하다.	□ 가슴 아프다.	□ 얄밉다.
□ 푸근하다.	□ 야속하다.	□ 창피하다.
□ 만족스럽다.	□ 안타깝다.	
□ 반갑다.	□ 애절하다.	
□ 신난다.	□ 부담스럽다.	
□ 상큼하다.	□ 싫다.	

지으언어 영역

신체발달 영역

유아-01   요술 풍선 펜싱_ 84

유아-02   집에서 하는 올림픽_ 86

유아-03   청기 들어, 백기 들어_ 88

유아-04   줄 달린 공차기_ 89

유아-05   무빙의자 놀이_ 90

유아-06   볼풀공 눈싸움_ 91

유아-07   원 마커 점프_ 92

유아-08   미션 임파서블_ 94

유아-09   훌라후프 신체 놀이_ 96

유아-10   엉금엉금 거북이_ 98

초등-01   점프 점프 색깔찾기_ 100

초등-02   신문지 징검다리_ 102

초등-03   탁구공 축구하기_ 103

초등-04   팀워크 공 전달하기_ 105

초등-05   씨름 대잔치_ 107

초등-06   짐볼 균형 챌린지_ 109

초등-07   종이탑 쌓기 릴레이_ 111

초등-08   발모양 점프 레이스_ 113

초등-09   좁은 길 통과하기_ 115

초등-10   힘 겨루기 컵쌓기_ 117

유아-01 요술 풍선 펜싱

발달영역   대근육, 소근육, 협응력
준 비 물   풍선(동그란 것, 긴 것), 손펌프, 백업

준비운동

1. 아이가 풍선을 불 수 있게 도와준다.
2. 아빠와 아이가 풍선을 팅기면서 거실, 방을 한 바퀴 돌아 온다(집 안의 여러 공간을 돌면 공간 감각과 집중력에 도움이 된다).

풍선치기 & 요술풍선 펜싱

1. 손으로 팅기지 않고 집에 있는 물건을 이용해서 단계를 높인다(장난감 야구 배트, 파리채, 배드민턴채, 나무젓가락 등).
2. 다양하게 몸의 부위를 이용하여 놀이 한다(손바닥, 손등, 머리, 무릎, 발).
3. 백업(긴 스티로폼 막대기)으로 풍선을 더 오래 치는 놀이를 한다.
4. 기다란 풍선을 불어서 칼 모양을 만든 뒤 칼싸움을 한다(민첩하고 유연하게 반응할 수 있도록 연습한다).

응용하기

- 한 손으로 손바닥 위에 있는 동그란 풍선을 튕기고 다른 한 손으로는 긴 풍선을 펜싱 칼처럼 자세를 잡는다. 내 풍선은 안 떨어지게 지키면서 한 손으로는 상대의 풍선을 쳐서 떨어뜨린다.

- 아빠가 볼풀공을 던져주면 백업을 사용하여 쳐 내는 백업 야구를 할 수 있다.

유아-02 집에서 하는 올림픽

발달영역	대근육, 소근육, 균형감각
준 비 물	빨대, 풍선, 종이 접시, 끈(테이프), 장난감활세트, 배드민턴채

준비운동

1. 간단한 스트레칭을 한다.

2. 경기에 대한 시범(설명)을 보여 주고 전체 운영에 대해 알려준다(예 : 총 5
가지 게임을 하고 각 게임당 이기는 사람은 100점, 진 사람은 50점 총 합산
하기)

올림픽 경기

1. 원반던지기 : 종이 접시를 던져서 멀리 날아간 사람
이 이긴다(아이들은 원반을 정면으로 던지기 어려
울 수 있으니 부모님이 아이의 손을 잡고 던지는 연
습을 충분히 하고 시합한다).

2. 투창던지기 : 빨대를 잡고 앞으로 던져서 멀리 날아
간 사람이 이긴다.

3. 양궁 : 창문에 장난감 활을 쏘면 붙는 것을 이용해
양궁 시합을 한다.

4. 멀리뛰기 : 매트를 깔고 앞으로, 또는 뒤로 뛰는데,
멀리 뛰는 사람이 이긴다.

5. 림보 : 부모님이 긴 막대기나 끈(테이프)을 잡아 주
고 높이를 점점 낮추며 림보 시합을 한다.

6. 허들넘기 : 티슈박스, 장난감, 반찬통 등 간격을 두어

놓고 허들 넘기를 한다.

7. 테니스 : 배드민턴채(둥근 모기채)로 풍선을 쳐서 테니스 시합을 한다. 긴 비닐
   이나 천으로 경계선을 만들고 그 끝을 묶거나 양쪽에서 손으로 잡아 준다.

신체발달 영역

유아-03 청기 들어, 백기 들어

발달영역 소근육, 팔 대근육, 집중력
준 비 물 청기, 백기(나무젓가락, 색종이, 풀)

준비운동

1. 나무젓가락과 색종이를 이용해서 청기와 백기를 만든다(다양한 색의 깃발을 만들어서 사용하면 색에 대해서도 알려줄 수 있다).
2. 아빠와 엄마가 먼저 아이에게 시범을 보인다.
3. 양 손에 청기, 백기를 들고 "○○ 올려", "○○ 내려" 연습을 한다.

청기 들어, 백기 들어

1. "청기 들어" 구호를 외치면 청기를 들고, "백기 들어" 구호를 외치면 백기를 든다. 반대로 "청기 내려", "백기 내려" 구호를 외치면 내려야 한다.
2. 아이에게 청기와 백기를 들게 하고 천천히 시작해본다(청기 들어, 백기 들어, 청기 내려, 백기 내려).
3. 좀 더 집중하도록 구호를 응용하여 재미있게 해 본다(예: 청기 들지 말고 청기 내려, 청기 내리지 말고 백기 내리지 말고 백기 올려).
4. 아빠 엄마와 같이 깃발을 들고 대결을 한다.

응용하기

• 오른손과 왼손을 활용하여 위와 같이 게임해 본다("오른손 올려", "왼손 내려" 등.)

줄 달린 공차기

발달영역 대근육, 협응력, 집중력
준 비 물 탱탱볼, 축구공, 줄(테이프)

준비운동

1. 공에 줄(테이프)을 감아 흔들흔들 움직이게 만든다.

2. "왼발", "오른발" 구호에 맞춰 움직여 본다.

줄 달린 공차기

1. 아이 발 가까이에서 줄 달린 공을 차도록 한다.

2. 높이와 방향을 바꿔가며 다양한 위치에서 공을 찬다.

3. 양발을 번갈아 사용하며 "왼발", "오른발" 구호에 맞추어 공을 찬다.

응용하기

• 커다란 바구니에 볼풀공을 가득 넣고 발을 사용하여 옮겨 담는 놀이를 한다.

• 아빠(엄마)와 아이가 공을 가운데 두고 팔로 감싸안아 목표점을 돌아오는 놀이를 한다. 또는 목표점에서 바구니 안에 공을 넣고 돌아오는 놀이도 좋다. 이 때 손을 사용하면 안 된다.

신체발달 영역

유아-05 무빙의자 놀이

발달영역 대근육, 코어발달, 균형감각
준 비 물 무빙의자, 장애물(접시콘)

준비운동

1. 무빙의자에 앉아서 앞발을 사용하여 앞으로 나아간다.
2. 앞으로 이동하는 것이 익숙해지면, 앞발을 사용하여 뒤로 이동한다.
3. 무빙의자에 한 발을 올리고 나머지 한 발로 바닥을 밀면서 앞으로 나아간다.

장애물 피하기

1. 바닥에 접시콘을 펼쳐 놓는다.
2. 무빙의자에 앉아서 이동하며 접시콘을 피한다.
3. 다양한 자세(ex. 슈퍼맨 자세, 썰매타기)로 접시콘 피하기를 실시한다. 접시콘이 없다면 생수병, 휴지 등 생활용품을 활용해도 좋다.

응용하기

• 의자를 모아 놓고 동요를 부르며 빙빙 돌다가 "멈춰"
 외치면 의자를 찾아 앉는 놀이를 한다. 가족의 수보다 의자를 1개 부족하게 놓고 의자에 앉지 못하는 사람이 술래가 된다.
• "식탁의자 앉기", "노란의자 앉기"처럼 특정 의자를 외치고 앉는 것도 가능하다.

볼풀공 눈싸움

발달영역 대근육, 소근육, 신체 조절
준 비 물 볼풀공, 신문지, 바구니

준비운동

1. 먼저 일정 거리에 바구니를 놓고 아이가 볼풀공을 던져서 바구니에 넣기를 한다.
2. 바구니 거리를 점점 멀게 하면서 아이가 힘 조절과 정확도를 높일 수 있게 한다.

볼풀공 눈싸움 하기

1. 집에 있는 의자나 매트 등을 이용해서 몸을 숨길 수 있는 지형지물을 만들고 아이와 아빠가 볼풀공으로 눈싸움한다.
2. 아이가 공을 던지고 지형지물에 몸을 숨기면서 자기 신체 조절 능력이 향상 되고 공간 감각이 발달하게 되며, 대근육과 소근육이 발달한다.

응용하기

• 볼풀공이 없으면 신문지를 뭉쳐서 신문지 공을 만든다.
• 거실 등에서 중앙선을 만들고 일정 시간동안 상대방의 영역으로 볼풀공을 더 많이 던지는 놀이도 좋다.
• 방문틀이나 지지대에 투명비닐(테이프)을 붙이고 색깔테두리 안으로 볼풀공을 던져 통과시키는 놀이도 좋다. 어렵다면 직접 넣 어도 된다.

신체발달 영역

유아-07 원 마커 점프

발달영역	대근육, 인지
준 비 물	원 마커(또는 색 도화지)

준비운동

1. 원 마커를 일정 거리에 일자로 배열한다(색 도화지로 만들어도 된다).
2. 걸어서 원 마커를 밟고 지나가며 색을 익힌다.

원 마커 점프

1. 두 발을 동시에 점프해서 원 마커를 밟고 지나가게 한다.

2. 외발뛰기를 해서 원 마커를 밟고 지나가게 한다.

3. 점프에 적응하면 원 마커를 ♣ 모양으로 바닥에 놓는다.

4. 중앙에 서서 앞으로 점프, 중앙으로 점프, 뒤로 점프, 중앙으로 점프, 왼쪽으로 점프, 중앙으로 점프, 오른쪽으로 점프, 중앙으로 점프, 두 발 벌려서 점프, 발 모아 중앙으로 점프, 두 발 벌려서 점프, 발 모아 중앙으로 점프, 오른발 왼발 앞뒤로 어긋나게 점프, 중앙으로 발 모아 점프, 왼발 오른발 앞뒤로 어긋나게 점프, 중앙으로 발 모아 점프

5. 위의 순서로 숫자를 세며 점프한다.

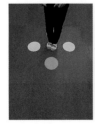

응용하기

- '산토끼 토끼야' 동요에 맞춰서 점프한다.
- 색깔 순서대로 점프하며 놀이한다(예 : 노랑 점프-빨강 점프-연두 점프 등).
- 원마커를 이용해 꽃게처럼 옆으로 걷기 활동을 한다. 종이테이프로 경계선
  을 정해준 뒤 원마커를 진열하여 같은 색깔을 찾아 손으로 짚으며 이동한다.
  아동에 따라 모양을 섞어서 해도 좋다

유아-08 미션 임파서블

발달영역	대근육, 균형감각
준 비 물	식탁 의자, 털실(또는 테이프)

준비운동

1. 집에 있는 다양한 물건들을 이용하여 건널 수 있는 구조물을 만든다.
2. 튼튼한 수납장 등을 놓고 식탁 의자를 지그재그로 배치한 뒤 털실과 테이프로 거미줄처럼 설치한다.
3. 설치는 아이와 아빠가 같이 협동하여 만든다.

미션 임파서블

1. 처음에는 아이가 넘어지지 않게 아빠가 손을 잡아주며 구조물을 건넌다.
2. 거미줄을 통과할 때는 어떤 방식으로 통과해야 할지 아이와 상의해 본다.

3. 거미줄을 통과할 때마다 한 줄씩 추가해서 점점 어려운 난이도에 도전한다. 시간제한 안에 통과해야 하고, 줄에 세 번 닿으면 실패한다(규칙 만들기).
4. 구조물을 건널 때는 균형감각을 높일 수 있고 거미줄을 통과할 때는 몸의 각 부분을 사용하며 조절할 수 있다.

응용하기

• 방문틀에 테이프를 붙여서 림보를 한다. 테이프로 높이

를 조절할 수 있다(또는 엄마, 아빠가 잡고 서 있어도 된다).
- 방문틀이나 복도, 또는 지지대 2개 사이에 테이프를 몇 바퀴 돌려서 고정한 뒤에 볼풀공을 던져서 붙이는 놀이를 한다(볼풀공이 붙으려면 테이프의 끈적한 부분이 밖으로 나와야 한다).

유아-09 훌라후프 신체 놀이

발달영역 대근육, 소근육, 신체조절
준 비 물 훌라후프, 탱탱볼

준비운동

1. 훌라후프를 바닥에서 굴려 본다.

2. 훌라후프를 허리에서 돌려 본다.

훌라후프 신체놀이

1. 훌라후프 통과하기를 한다. 두 개의 훌라후프를 아빠가 들고 아이가 기어서 통과하거나, 몸을 웅크리고 한 개씩 통과할 수 있게 한다.

2. 훌라후프를 굴려서 점프해서 통과한다. 엄마가 굴려주고 아이는 훌라후프가 앞에 오면 점프한다.

3. 훌라후프 줄 넘기를 한다. 훌라후프를 두 손으로 잡고 손안에서 굴리면서 몸을 점프한다.

4. 훌라후프로 농구 골대를 만들고, 탱탱볼을 던져서 훌라후프에 넣는다. 거리를 조절하며 한다. 아빠가 훌라후프를 들어서 골대를 만들어 줄 수 있다.

응용하기

• 모든 가족이 손을 잡고 훌라후프를 통과한다. 손을 잡고 왼팔, 머리, 몸, 다리, 오른팔 순으로 한 명이 통과한 뒤 마주 잡은 옆 사람에게 연결해서 마지막 사람까지 통과한다.

유아-10 엉금엉금 거북이

발달영역 대근육, 균형감각, 신체조절
준 비 물 바닥 넓은 그릇, 작은 물건들, 줄(고무밴드), 공

준비운동

1. 네발기기 자세로 바닥에서 기어가기 연습을 한다.
2. 등에 장난감을 얹고 떨어지지 않도록 줄로 묶어서 기어가는 연습을 한다.

엉금엉금 거북이

1. 아빠와 아이가 네발기기 자세로 바닥에 자세를 잡는다.
2. 각각 등 위에 바닥 넓은 바구니를 올리고 바구니 안에 떨어져도 안전한 작은 물건을 넣는다(장난감 인형 등).
3. 엄마가 "시작!"을 외치면 출발선에서 기어가 반환점을 돌아온다(바구니가 떨어지지 않게 주의한다).
4. 아빠와 엄마, 아이가 각자 또는 팀을 나누어 대결한다.
5. 몇 차례 진행한 후에 바구니 안에 잘 움직이는 공을 넣는다(공을 넣으면 많이 움직이기 때문에 좀 더 조심해서 움직이게 된다).

6. 다양한 물건을 올려서 진행해 보고, 물건을 올리지 않고 빠르게 움직이는 게임도 해본다.

응용하기

- 아빠가 네발기기 자세를 잡고 아이가 아빠 등에 올라가 서서 균형잡는 놀이를 한다. 균형잡기 어렵고 떨어질 수 있으니 엄마가 옆에서 도와준다.
- 백업을 짚고 서서 "하나, 둘, 셋" 구호에 맞춰 몸을 움직여 상대방의 백업을 짚는다. 백업의 균형을 잘 잡고 순발력 있게 움직여야 넘어뜨리지 않고 성공할 수 있다.

- 휴지 감기 놀이 : 휴지를 길게 풀어서 맨 끝에 무게감 있는 장난감 블록을 올려 둔다. 휴지가 찢어지지 않도록 살살 당기며 감아 준다. 휴지위에 장난감이 밖으로 벗어나지 않아야 한다.

점프 점프 색깔찾기

발달영역 대근육, 균형감각, 신체조절
준 비 물 색종이, 가위, 막대스틱(나무젓가락)

준비운동

1. 색종이를 색깔별로 분류한다.

2. 분류한 색종이에 그리고 싶은 모양(동그라미, 세모, 네모 등)을 그린다.

3. 모양을 따라 가위로 오린다. 모양을 그린 색종이를 맨 위에 놓고 같은 색종이를 한꺼번에 자르면 좀 더 빠르다.

4. 오린 색종이를 바닥에 자유롭게 펼쳐 놓는다.

5. 샘플 색종이 1장씩 테이블 위에 올려 둔다. 출발할 때 고르는 여분의 샘플 1장씩 더 준비한다.

6. 색종이 위로 점프하는 연습을 한다.

점프 점프 색깔찾기

1. 색종이를 한 장 골라 출발점에 선다.

2. "출발" 소리에 맞춰 손에 든 색종이와 같은 곳으로 점프 점프하며 목표점에 이른다.

3. 목표점 앞에서 손에 든 색종이와 같은 색종이(색깔, 모양)를 찾아 올려 놓는다.

4. 아동이 혼자 할때는 준비한 색종이를 다 찾을때까지 시간을 잴 수 있다. 팀으로 놀

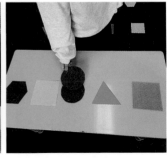

신체발달 영역

이 할때는 릴레이로 먼저 끝낸 팀이 이긴다.

응용하기

• 먼저, 같은 색깔, 같은 모양의 색종이로 놀이한다. 이후
  에는 같은 색깔, 다른 모양의 색종이도 준비하여 좀 더
  심화할 수 있다(예 : 빨간 동그라미, 빨간 세모, 빨간 네
  모 등).

• 샘플 색종이에 막대스틱을 붙여서 진행자가 제시하는
  것을 보고 점프한다.

신문지 징검다리

발달영역	대근육, 소근육, 균형감각
준 비 물	신문지

준비운동

1. 신문지를 적당하게 접어서 여러 개 준비한다.

2. 신문지를 밟고 징검다리처럼 건너야 하는 것을 설명하고 보여준다.

3. 신문지가 앞에 없으면 건널 수 없다는 것을 알려준다.

징검다리 건너기

1. 접은 신문지를 한장 바닥에 놓는다.

2. 아이가 올라서게 하고 다음 신문지를 발 앞에 한장 놓아 준다.

3. 신문지를 밟으면 다시 신문지를 발 앞에 한장 놓아 준다.

4. 반복하며 목표지점까지 도착한다.

5. 아이가 스스로 신문지를 옮기면서 건너도 된다.

응용하기

• 신문지를 펼쳐놓고 온 가족이 올라가면 성공하는 놀이를 할 수 있다. 처음에는 크게 펼치고 성공하면 계속 신문지를 반으로 접는다. 작은 면적이 되었을 때 안거나 업고 올라서면서 온 몸으로 신체놀이를 할 수 있다.

초등-03 탁구공 축구하기

발달영역 소근육, 집중력, 협응력
준 비 물 탁구공, 폼폼이, 계란판, 종이컵, 테이프

준비운동

1. 책상 양 끝에 종이컵을 매달아 테이프로 붙인다.

2. 탁구공(폼폼이)을 손가락으로 튕기는 연습을 한다.

탁구공 축구하기

1. 탁구공(또는 폼폼이)을 손가락으로 튕
겨서 종이컵에 들어가면 골인이 된다.

2. 폼폼이를 색깔별로 준비하여 종이컵
색깔과 맞게 넣도록 해도 좋다.

3. 한번에 골인해도 되지만 탁구공(폼폼
이)을 몇 차례 드리블해서 집어 넣을
수도 있다. 아이에 따라 규칙을 자유롭게 정한다.

응용하기

• 빙고 놀이 : 책상 끝에 계란판을 위치시키고 책상 반대편에서 탁구공을 책상에
바운드(한번 튕김)시켜서 탁구공이 계란판에 들어가게 한다. 가로, 세로, 대각
선 등을 먼저 만들면 이긴다(흰색과 노란색의 탁구공 준비, 흰색만 있다면 스
티커 표시). 어려운 아동은 탁구공이 많이 들어간 사람이 이기는 놀이를 해도
좋다.

• 종이컵 회전 골인 : 종이컵을 뒤집어서 위에다 탁구공을 올려 놓는다. 탁구공을 공중에 띄우고 컵을 돌려서 컵에 탁구공이 들어가게 한다. 볼풀공, 야구공 등 다양한 공을 사용해도 된다.

팀워크 공 전달하기

발달영역 대근육, 균형감각, 협응력
준 비 물 탱탱볼(볼풀공), 축구공

준비운동

1. 상대방에게 공 전달하기를 연습해 본다.
2. 공 던지기 연습을 한다.

팀워크 공 전달하기

1. 가족들이 옆으로 서서 공을 전달한다. 마지막 사람이 건네받으면 등을 맞대고 몸을 돌리며 공을 다시 넘겨준다.
2. 가족들이 등을 보고 뒤로 줄을 선다. 앞 사람이 공을 머리 위로 넘긴다. 뒷사람도 공을 받아서 머리 위로 전달한다. 공이 끝까지 가면 모두 뒤돌아서고 가랑이 사이로 공을 앞으로 전달한다.
3. 앞사람은 머리 위로 공을 전달하고, 뒷사람은 밑으로 전달한다. 끝까지 가면 반대로 앞 사람까지 전달한다.
4. 거리를 두고 앞 사람 등을 보고 선다. 두 손을 들어 공을 던져서 뒷사람에게 전달한다. 위로 던지기, 아래로 던지기, 허리 돌려 던지기로 놀이한다.

신체발달 영역

- 2명이 각자 종이컵 2개, 볼풀공 2개를 갖는다. 볼풀공을 옆으로, 직선, 대각선으로 굴리며 상대방에게 전달한다. 떨어뜨리는 사람이 벌칙을 받는다.

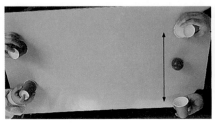 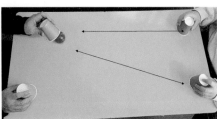

초등-05 씨름 대잔치

발달영역 대근육, 소근육
준 비 물 줄, 이불

준비운동

1. 스트레칭이나 국민체조를 통하여 몸을 풀어 준다.

2. 씨름의 종류와 방법에 대해 시범을 보여주고 설명한다.

씨름 대잔치

1. 매트와 이불을 깔고 전통 씨름을 해본다.

2. 손 씨름을 통해서 팔의 대근육을 키운다. 오른발을 내밀어서 상대와 맞대고, 오른손을 마주 잡고 양발이 바닥에서 떨어지지 않게 한다. 팔에 힘을 줘서 상대의 발이 바닥에서 떨어지면 이긴다. 아이와 실력 차이가 많이 나면 아빠는 외발서기 하고 게임해 본다.

3. 손가락 씨름을 한다. 한 손씩 마주 잡고, 엄지손가락을 세워 상대의 엄지손가락을 누르면 이긴다.

4. 손바닥 씨름을 한다. 두 사람이 일정 거리를 두고 손바닥을 쳐서 상대방의 발이 바닥에서 떨어지게 하면 승리한다.

 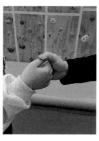 

5. 줄로 씨름을 한다. 일정 거리를 두고 줄 하나를 양쪽에서 잡고 줄을 잡아당겨서 상대의 발이 움직이면 승리한다.

6. 엉덩이 씨름을 한다. 두 사람이 등을 대고 서서 두 사람의 발 사이에 작은 물건을 두고 먼저 물건을 잡는 사람이 승리한다(물건을 잡을 때 엉덩이가 서로 밀려서 앞으로 넘어지지 않게 조심한다).

응용하기

• 이불 김밥 말기 : 아이를 이불로 김밥처럼 말아 옆구르기를 하며 놀이한다. 이불로 몸을 감아줄 때의 압박감은 아이를 진정시키는 효과가 있다. 이불을 돌돌말아 탈출하는 게임을 한다. 자기의 신체를 자각하고 조절하는 데 도움이 된다. 마무리로 이불을 말은 상태에서 신체를 꾹꾹 누르고 주물러 준다.

초등-06 짐볼 균형 챌린지

발달영역 대근육, 균형감각, 신체조절능력
준 비 물 짐볼

준비운동

1. 짐볼을 만지고 바운드를 해보며 지볼에 적응할 수 있게 한다.

2. 짐볼에 엎드리기, 뒤로 눕기 하며 몸을 풀어준다.

짐볼 균형 챌린지

1. 아빠가 짐볼을 잡아주고 아동이 짐볼 위에서 점프 점프 하며 균형을 잡는다. 처음에는 아동이 벽을 잡고 하고 이후에는 손을 떼고 한다.

2. 짐볼에 무릎 꿇듯이 올라가서 균형을 잡아본다. 바닥에 매트를 깔고 안전하게 한다.

3. 누워서 발로 짐볼을 옮긴다. 가족들이 옆으로 누워서 발바닥 위에 짐볼을 올리고 옆으로 옮겨준다. 짐볼이 바닥에 떨어지지 않게 발로 균형을 잘 잡아야 한다. 크고 작은 다양한 공을 사용하여 놀이해 본다.

4. 짐볼 바운드 받기를 한다. 직접 받기, 바닥에 팅겨서 받기 등을 할 수 있다. 작은 공과는 무게, 부피, 속도, 소리, 힘 사용 등이 다르다는 것을 몸으로 느껴 본다.

5. 짐볼을 등과 등 사이에 두고 밀기 놀이를 해 본

다. 적당한 힘을 주어 떨어뜨리지 않도록 한다.

응용하기

· 짐볼 위에 아이가 올라가고 아빠가 두 발을 잡아서 왔다 갔다 하며 균형 잡는 연습을 한다. 앞으로 갈때에는 두 팔에 몸의 무게를 실어 지탱한다.
· 짐볼 위에 몸을 엎드리고 굴려서 앞에 있는 물건을 집어 컵에 담아 본다.
· 활동에 따라 짐볼 크기를 바꾸며 자신감 있게 놀이한다.

초등-07 종이탑 쌓기 릴레이

발달영역 대근육, 소근육, 집중력
준 비 물 종이컵, 두꺼운 도화지, 접시, 막대기

준비운동

1. 출발선을 만들고 반환점에 종이컵과 자른 도화지(사각형)를 갖다 놓는다.
2. 출반선에서 반환점까지 뛰어 갔다가 돌아온다.

종이탑 쌓기 릴레이

1. 출발선에서 뛰어가 종이컵 1개와 도화지 1장을 쌓아 균형을 잡은 뒤 반환점을 돌아온다. 뛰어가는 속도를 줄이고 균형을 잡기 위해 집중하게 된다.
2. 다시 뛰어가서 두 번째 종이컵과 도화지를 쌓고 온다. 준비한 종이컵을 다 쌓을 때까지 한다. 부모와 아이가 경쟁해도 되고, 가족이 팀을 나누어 해도 좋다.
3. 도화지 대신 일회용 종이접시, 무게있는 접시 등을 활용해 본다.
4. 추가로 종이컵을 쌓고 다음 구간에서 풍선 헤딩하기, 발차기와 같은 미션을 한번 더 수행한 후 돌아온다(풍선을 불어서 실로 묶은 뒤 천정에 매달아 놓는다).

응용하기

- 종이컵과 막대기(하드바)를 가지고 누가 더 높이 쌓는지 게임한다. 종이컵을 쌓고 위에 막대기를 사각모양으로 올린다. 다시 종이컵을 반대 방향으로 쌓고 막대기를 올리는 방법으로 쌓는다. 종이컵 대신 플라스틱 컵 등도 가능하다.

초등-08 발모양 점프 레이스

발달영역 대근육, 균형감각, 협응력
준 비 물 숫자판, 링고리, 종이컵, 휴지심, 공

준비운동

1. 링고리를 놓고 그 안에(또는 밖에) 숫자를 순서대로 놓는다(링고리 구입시 검색란에 '링고리 던지기'로 검색한다. 훌라후프나 동그란 철사가 많다면 사용 가능)

2. 목표지점에 휴지심과 공을 준비해 놓는다.

3. 숫자를 따라가며 점프하기 연습을 해 본다.

발모양 점프 레이스

1. 출발점에서 숫자에 따라 점프하며 이동한다. 링고리 안에 숫자가 1개 있으면 두발을 모아 링고리 안으로 점프, 안과 밖에 숫자가 2개 있으면 발을 벌려 숫자를 밟으며 점프한다.

2. 목표점에 이르러 공을 잡고 휴지심 위에 올려 놓는다.

3. 뒤돌아 서서 같은 방식으로 점프하며 오던 길로 되돌아 간다.

4. 준비되어 있는 휴지심을 전부 채우면 끝난다(혼자, 또는 팀으로 게임해 본다).

5. 숫자의 짝수, 홀수로 모아 뛰기, 발 벌려뛰기로 해도 된다. 숫자 대신 발모양
  의 그림을 놓고 해도 좋다.

응용하기

• 링고리 안에 두 개의 컵을 모아놓고 점프하며 컵을 밖으로 옮겨 놓는다.

• 한 발로 점프하며 밖에 있는 컵을 안으로 모아 놓는다.

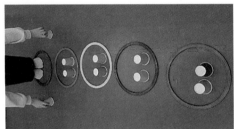 

좁은 길 통과하기

발달영역 소근육, 협응력, 집중력
준 비 물 두꺼운 도화지, 작은 공, 종이접시, 종이컵

준비운동

1. 책상이나 테이블을 마주보게 배치한다.

2. 도화지에 구멍을 뚫어 테이블 가운데 붙여 준다.

3. 테이블 위에서 공굴리기 연습을 해 본다.

좁은길 통과하기

1. 테이블 양쪽에 앉아서 한 사람이 공을 굴리며 상대에게 전달한다.

2. 구멍난 곳을 피하여 전달하고 가운데 빠지면 탈락한다(또는 점수를 깎아도 된다).

3. 먼저 3승하기, 또는 100점 먼저 내기(이길 때마다 10점, 가운데 빠지면 -10점 등)로 승부를 낸다.

4. 익숙해지면 공 2개를 가지고 함께 공을 굴리고 받는다.

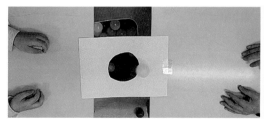 

응용하기

• 종이컵 안에 볼풀공을 색깔별로 넣어 샘플을 만든다. 가운데 구멍이 난 종이접

신체발달 영역

시에 볼풀공을 올려 구멍으로 떨어 뜨리며 샘플과 같게 만든다. 두 사람이 함께 진행하면 더 재미있고 경쟁력도 갖게 된다.

- 색깔막대(종이테이프)로 지그재그 선을 만든다. 코너마다 공을 올려두고 끈으로 매달은 공을 흔들어 떨어뜨리며 목표점에 도착한다(공과 지지대는 다양하게 준비해서 사용할 수 있다).

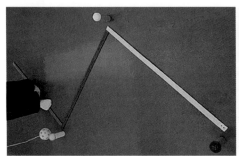

초등-10 힘 겨루기 컵쌓기

발달영역 대근육, 소근육, 균형감각
준 비 물 긴 줄, 종이컵

준비운동

1. 양쪽 지점에 종이컵을 진열해 놓는다.

2. 엄마(아빠)와 아이가 줄 안에 들어가 힘을 주며 허리로 당겨 본다.

3. 시범 경기를 하면서 규칙을 익힌다.

힘 겨루기 컵 쌓기

1. 줄 안에 함께 들어가 뒤돌아서서 자세를 잡는다.

2. "시작" 하면 각자의 방향으로 힘껏 줄을 당겨 종이컵을 쌓는다.

3. 힘이 부족하면 끌려 가고 힘이 세면 당기면서 먼저 탑을 다 쌓아야 이긴다.

4. 종이컵 쌓기뿐 아니라 컵 포개어 놓기, 종치기 등으로 변경해서 할 수 있다.

응용하기

• 아이가 바닥에 엎드린 상태에서 공을 굴려 준다. 공이 다가오면 아이가 몸을 들어 공을 통과시킨다. 다양한 공을 사용하여 5개씩 통과하기 3회 이상 실시한다. 반대로 아빠가 엎드린 상태에서 아이가 네발기기나 엎드린 자세로 아빠 몸을 통과하는 놀이를 해도 좋다.